找智慧的媽媽

與子同行共處的日與夜

韓曄Constance 著

謹將此書獻給我最愛的孩子、媽媽等家人
以及眾多愛孩子的家長們!

推薦序（一）

周智銘校長

（保良局陳守仁小學校長）

　　作者的兒子是本校的畢業生，小學時期的他是個品學兼優和謙遜有禮的好孩子，我和同事們都很好奇，究竟他的家長是怎樣教養出這樣優秀的孩子呢？讀過這本書後，我終於知道答案了！

　　在這本書中，作者以正向的教養精神，娓娓道來她與兒子的相處之道，她從字裡行間流露出對兒子滿滿的愛，令我深深感動。 作者為所有關心子女成長的家長作出了良好的示範和提醒，就是在管教子女和與子女溝通時，必須以身作則，讓子女學會尊重和忍讓，不宜以父母的權威強迫他們非要服從不可，而是應該給他們空間去思考與選擇。

　　今時今日，養兒一百歲，仍要長憂九十九嗎？作者分享自身經歷，說明教養子女應該鬆緊有度，進退有據，適時陪伴他們，給與他們引導，家長還要照顧好自己，捨得放手，將來才能讓羽翼長成的子女振翅高飛。

　　這是一本很溫暖、很值得大家細心品味的好書。誠摯推薦本書給每一位父母。

楊永明校長
（保良局陳守仁小學前任校長）

　　如果說孩子的成長是一個歷程，如過河般由此岸到彼岸，陪著孩子摸住石頭一步步走，或是翻山涉水，參與得最多大半是媽媽吧？！有說「為母則強」，意思是當女性成為母親後，她們常常展現出一種令人難以想像的意志和智慧，能夠為了孩子超越自己。從事教育工作幾十年，我見證了這是無容置疑的事實。本書作者韓曄，便是眾多例子之一。

　　韓曄的兒子是個好學生，主動自信，品學兼優。人說母親與子女之間有著微妙的感情紐帶，我相信那種連結是與生俱來的，試想想十月懷胎血脈相連，合二為一，呼吸同步，生活同步……母子之間 感情的綿密和相互影響，不言而喻。能把這種感情昇華又能與人分享，卻是另一層次，作為資深社工的韓姑娘就是以她的生活經驗與大家談談情，說智慧。

　　韓姑娘接觸過數以千計的父母和學生，她的親子心法是三個字：信、望、愛。有說人生不如意事十之八九，迎來的不如意事往往佔多，此乃「常」。面對孩子的成長，韓姑娘會「選擇順勢而行」，因為「這樣從孩子那裡會了解到更多、認識到更多」……那是信望愛的綜合力量，透過反省，她建立著充滿著智慧的「親子日常」，是管教也是溝通，因為同行。

　　如果活著的核心是能覺知到自己當下的心裝載著什麼，我們或會為人為己重新選擇，甚至重啟人生。聖經說：智慧在街市上呼喊，在寬闊處發聲……原來智慧就在最熱鬧平凡之處，而韓姑娘在書中為大家呈現的就是在生活中以高度的自我覺察，與孩子同步同行的智慧。《找智慧的媽媽》，不就是那個滿有智慧的母親嗎？

　　誠意為大家推薦《找智慧的媽媽》，你會在這裏找到實用，但卻是超越時空的親子方程式，當中一定會為你帶來愛的啟迪和提醒。

鍾家明校長

（東華三院鄧肇堅小學校長）

一本讓你更有信心成為稱職父母的書

香港現在是一個出生率低的城市，我相信其中一個原因，是部分夫婦對養兒育女的擔心。夫婦們擔心的不止是經濟上的付出，不止是保障孩子的健康，更多的是擔心自己能否肩負起父母這個責任，特別是照顧子女的情緒和學業發展方面。我也是一位父親，在孩子未出生時，同樣渴望自己能成為一位好爸爸，但同時又擔心自己能否勝任成為一位稱職的爸爸。市面上育嬰的書是很多的，但育兒的書就相對較少了。韓姑娘這本生活小品，既不是正式的育兒書，但又能給予我們好多的育兒心法，我相信韓姑娘這次出版的這本新書，將會是一本讓你更有信心成為稱職父母的書。

我跟韓姑娘認識已有多年，她是一位專業而且經驗豐富的社工，在她過去三十年的社工經驗中，她幫助過無數的家長、孩子和家庭。我相信認識韓姑娘的人都知道她對工作充滿熱誠，處理孩子和家庭問題經驗豐富。然而並非每個人都知道的，是韓姑娘求學時期自己也是一位「學霸」，而她的孩子現在也是一位「學霸」，在香港中學文憑試（DSE）中考獲非常理想的成績。我相信大家都一定好想知道這位集「學霸」、專業社工於一身的媽媽，是如何快樂地養育她的兒子，在幫助他成長為「學霸」的過程中，她有變身成為「虎媽」嗎？

這本書已是韓姑娘的第二本著作了，她之前已出版過一本書，她也曾多次發表過不同文章指導家長解決養育兒女面對的困難。已閱讀過韓姑娘上一本著作或文章的家長，相信已得益不淺。今次這本新書，韓姑娘會以輕鬆的手法，記述她孩子在不同年齡時，她和孩子的相處經過。在輕鬆又平易近人的筆觸下，我們便可以透過她與孩子的日常

互動或對話，讓家長發現孩子的成長經歷，與及心靈變化。而從每篇小品文章的小結，我們更可從中理解到韓姑娘培育孩子的心法。我最欣賞這本書的是 << 停一停．想一想 >> 環節，透過問題給讀者反思。出色的師父，並不是他說一句，你跟著他做一句，而是他提供點撥和反思，讓你輕易地自我尋找到答案，自我明白了道理。這樣，韓姑娘的心法，就已轉化成為自己的心法了，所以我相信這本新書不單充滿趣味，而且會是一本讓你更有信心成為稱職父母的書。

黃煒恆校長
（亞斯理衛理小學校長）

感謝 Constance 邀請我為她的新著作寫推薦序，縱使這本書的書名為《找智慧的媽媽》，但作為教育工作者及爸爸的雙重身份來閱讀這本書，仍然充滿共鳴啊！

雖然書中的內容大多以媽媽的角度，去窺探母子之間的相處之道，並流露出親子的濃情。可是當你細味書中的內容，其實 Constance 已為讀者提供了不少思考空間，讓我們想想如何促進良好的親子關係，她更為大家預備了不少育兒良方，希望能成為家長們在漫長的育兒路上的好伙伴！

當我細閱這本書時，總有一些 Constance 和兒子的故事，與你產生共鳴。以我是一位初小小女孩的爸爸為例，女兒似懂非懂，並開始尋求自由和權利，我怎樣在這個漸趨緊張的親子關係下與女兒相處，Constance 和兒子的相處之道，正正提醒我要持續有耐性和女兒相處，又讓我想起一句金句：「愛是恆久忍耐，又有恩慈……」（哥林多前書 13:4 節錄）最後，我特別推薦這本書中每個故事後的「想一想」環節，確實為我們育兒道路提供一些小提點及思考空間。

張美美校長

（明愛聖若瑟中學校長）

這本書深深觸動了我對家庭、愛與成長的理解。

認識韓姑娘已多年了，在我眼中，她不只是一名富經驗的社工，更是一位好媽媽，她的歷煉與初心，是一個連結親子關係的窗口。在這裡，我要為這位優秀的親子作家獻上真摯的推薦序。

親子關係，從來都是一門活到老，學到老的學問，喜歡韓姑娘透過她與兒子間的日常生活、瑣碎逸事，讓作為父母的我們進行反思，啟發為人父母，如何建立正向、彼此尊重和互愛的關係。從信、望、愛三個單元的小故事，我們可以看到家庭的溫暖和支持，以及在困難時刻彼此之間的勇氣和原諒。

每次看到一些趣味標題，甚麼《錫仔訓練班》、《戇爸的智慧》、《一個給媽一分的男孩及一個會幫媽拿環保袋的少年》、《激到嘔血的小鬼頭》等，也禁不住要翻閱細味，這些寓教於樂的元素不僅增加了故事的趣味性，還可以啟發我們一眾父母的好奇心和學習熱情。而作者運用既貼地又生活化的文筆，更讓讀者產生共生、共鳴、共情的世界。

在這個千變萬化，複雜多端的世界中，我們需要更多這樣的親子書籍，它們能夠為我們提供情感上的支持和連結。我非常建議父母與孩子一起閱讀，在別人的小故事中，回憶一下自己與孩子的生活事，一起感受，一起回味，那份藏於心中的愛，一定於我們和孩子的心中再次燃亮起來。

這本書是一份珍貴的禮物，它將陪伴我們的家庭度過許多美好的時光。讓我們一起感受故事中的溫暖和愛，一起享受親子之間的連結。我衷心推薦這本書，相信它將成為您和您的家人共同閱讀的珍貴寶藏和一段美好的親子閱讀時光！

招康明校長
（佛教大雄中學校長）

　　與韓曄姑娘相識逾三十載，尤記得當年她擔任學校社工的時候，我是學校的輔導老師，常因處理不同的個案而需與她緊密交流，發覺她事事親力親為，對學生關懷備至；作為社工，她克盡己任，視學生為子女，開導勉勵他們；作為母親，她關懷愛護兒子，將專業知識運用於教育子女上，其兒子最終成材，可見她非常成功。

　　韓姑娘將多年的輔導學生及教育子女的經驗結集成書，以生活例子深入淺出地解說如何循循善誘地引導孩子愛上學習；如何在孩子面對不安與困惑時，開解他們的心靈，引發他們思考解決問題之法，反思下次做得更好；更重要的是，作為職業女性，如何在工作與家庭中取得平衡，成為孩子心目中的模範媽媽。

　　當今社會形勢複雜多變，教養孩子成材絕非易事，做人父母的確很艱難，韓姑娘以自身經驗說明「學不可以已」，與孩子一起成長、一起學習，縱使面對崎嶇前路，總能「關關難過關關過」，成為一個睿智而有愛的家長。相信各位細讀她的作品，一定能舉一反三，從中悟出適合自己的育兒之法。閱畢初稿後，已覺獲益良多，期待新書出版後能拜讀大作，必能對我的教學工作有更多啟發。

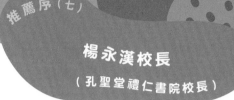

楊永漢校長
（孔聖堂禮仁書院校長）

　　數十年前初見韓曄姑娘，她還是位小妹妹。首次與她打羽毛球，我勝了，她竟「起飛腳」踢我。這一踢，踢走了隔膜。往後跟她合作的活動或小組，兩人都得心應手。為茫然不知前路，情緒困擾難堪及人事家庭有問題的同學作出輔導，指示可行的方法或教曉他們放開懷抱，從容處理複雜的生活及人生問題。我與韓姑娘合作的學校是男校，我總是帶些男性的威權，少了點溫柔。韓姑娘正好補上這缺點，她軟語聲溫，眼神滿載同感與關懷，時至今日，當年大哥哥計劃的參與者，仍然記得這位「半個女神、半個母親」的社工姑娘。

　　知道她要將自己的經驗出版書籍，當然非常高興。書內將自己教兒子的方法以及與孩子溝通應對所出現的問題，娓娓道來，現身說法。兒子不穿新年服，如何令他慢慢的接受；兒子怕被老師責罰，要求回家取回通告等等，父母真的要「停一停，想一想」。

　　內文特別吸引的是父母與孩子的情態，如何與他一起面對未知的前景，人世間的悲歡離合，這才是最困難。孩子小六畢業，捨不得離開校園，人生有多少的捨不得，韓姑娘告訴孩子：「請你記住這一刻，同學們那張純真無邪的笑臉，校長老師們循循的教導鼓勵，家長們無盡不變的陪伴祝福，上帝默默無聲的慈愛眷佑，加上一份努力克服困難的勇氣，……」當韓姑娘寫到她的孩子擔心自己沒有兄弟姊妹，那父母的身後事誰可以商量，將來回養父母就只有自己一個人時，我即時產生無限感慨，這種憂慮就是對父母的愛，更是思考如何回報的先端。連我這讀者也很詫異，這個年紀竟思考著成人的事情，但兒子未免太早困擾了。我替韓姑娘高興，有這樣為人設想的兒子。

這正是韓姑娘日積月累，絮絮不休的教育成果。正如她兒子也說，不要以社工的大道理來說服他。可幸，最終兒子真的給韓姑娘的大道理說服了，使兒子為他人設想，懂得感恩，相信成為了她兒子做人原則之一。

從韓姑娘的描述，相信她與家人的關係非常要好。有善解人意的母親，有懂得周旋矛盾，化解衝突及胸襟廣闊的父親；還有是無私奉獻的公公婆婆。孫子隨時樂意抽時間陪伴公公婆婆。其實，孩子成長，需要不斷的引導。

韓曄，在我心目中是天真爛漫的女孩。初相識，已將她的家庭背景告訴我，直把我當作老朋友，毫無機心。買了「Dream house」，第一時間跑過來與我分享她的喜悅，當然也第一時間多謝上主的安排。我當輔導主任期間，與韓姑娘合作了很多活動，中間要與不少人周旋，方能成事。甚至有同事當著我們面前說「無事搵事嚟攪」，但我們還是樂於與同學一起走一程路，一起建立他們的人生觀。我自己也曾當過三年實習社工，當年除小組活動、新聞發佈、社會調查、街頭表演等等工作外，還要輔導案主，清楚認識到社工的忙碌。但我所見的韓姑娘，似乎在忙碌中，得到快樂與安寧。由主任升遷至校長，令我由佻皮、愛說笑變為沉穩，不隨便表達意見。但每次與韓曄一起，就回復當年喧鬧與自然，說話沒天沒地，甚麼都是話題。韓姑娘，看著她由少女變為成功的母親，她的經驗實在值得與人分享及參考。惟一完全沒有變的，就是她天真的笑容，永遠都像個入世未深的少女。

吳華彪校長
（天主教新民書院校長）

在一個家長講座，我認識韓姑娘。韓姑娘與家長們分享與年青人相處之道，大家都聽得津津樂道。知悉韓姑娘閒時喜愛寫作，記錄生活上的點滴。當韓姑娘告訴我，正籌備出版一本書，記錄她與兒子小學至中學期間超過十二年的成長片段，我深受感動。姑娘兼顧家庭和工作之餘，為了自己的兒子，她願意付出更多，實在了不起。

凡你們對我這些最小兄弟中的一個所做的，就是對我做的。﹝瑪25：40﹞韓姑娘從事青少年工作，通過多年的實踐和經驗，累積了豐富的知識和智慧，並將它們融入了這本書中。

在書中，您將學到如何建立良好的親子關係，掌握與年青人相處之道。韓姑娘在文章中，與我們分享她的獨特觀點和寶貴建議。我特別喜歡每篇文章末段《停一停、想一想》部分，這些反思問題，鼓勵我們作出思考。

作為一位教育工作者，同時是兩名孩子的父親，閱讀韓姑娘的文章時，很易產生共鳴。孩子是我們社會的未來，我們努力教導孩童，讓他們走當行的道路，就是到老他也不偏離。﹛箴言 22：6﹜現今的孩子，特別在疫情後，面對不同的壓力和挑戰，他們確實需要父母和師長的陪伴和引導。

這本書還強調培養孩子的同理心。同理心是一種關鍵的能力，它使我們能夠理解他人的感受和需要，並對他們表達出關懷和理解。韓姑娘將與您分享一系列實用的方法，幫助孩子建立同理心。

我誠意向大家推介這本著作。正所謂「知易行難」，願您能把閱讀時所得的啟發和收穫，應用於與孩子的相處中。讓我們共同努力，為孩子們的未來創造更多的可能性，一同發掘孩子的亮點和潛能，建立自我形象健康的孩子，讓他們的人生，無往而不利。

願大家身心靈兼善！

推薦序（九）

林美儀校長
（葵涌循道中學校長）

常言道：「做人父母甚艱難」，這句話是天下父母的心聲。舊日的社會裡，每個家庭有四至五個，甚至乎更多孩子，是非常普遍的。傳統的觀念如「天生天養」、「大帶細」很重，而當年的物質生活及教育普及性也不高，有三餐溫飽已經對一般家庭很滿足。

隨著社會的發展，肩負起一個家實在不容易，父母既要為口奔馳，又要教養自己子女，殊不簡單。我衷心佩服天下父母，你們任重道遠，養育下一代令他們將來可以在社會上發光發熱，貢獻一己能力。

當我細閱這本書以「信、望、愛」為中心，道出孩子在成長中，與父母的生活點滴，看似微不足道，其實正是我們要終生學習怎樣與自己的孩子一起成長。

每個孩子都是獨特的，他／她總有天父的恩賜，有個人的亮點，我們作為父母，怎樣建立他／她的自信，是一門高深的學問，「養兒一百歲，長憂九十九」對是父母的一生的心聲，但怎樣可以令他們可以自信地及設身處地表達自己的意見，又明白他人的意見，是需要從小建立父母與孩子的關係。我極力推介此書給大家，作者讓自己的親身經歷，怎樣與孩子從小到大的一幕幕片段，活現聖經所說「信、望、愛」，在每篇分享結尾，也會讓讀者反思的問題，作者更提出「停一停 想一想」，有很多時間，我們大人欠缺了停頓深思，以高速的回應孩子的行為，「你這樣不好，你那樣不好。」其實，我們有否付出時間去細心聆聽孩子的內心世界？我們對孩子甚至乎他人太多負面批評會破壞大家之間的關係。每個人總有美善的地方，懂得表達自己對孩子的欣賞，正正可以讓他們有自信地肯定自己的能力，但亦要耐心地指導他們反思自己改善的空間，整個家庭的氛圍也會更正向。

「教養孩童，使他走當行的道，就是到老他也不偏離。」（箴言22章6節）父母的教養極為重要，你們的教導養育正是建構你們孩子的將來，以身作則亦極為重要，盼望各位父母努力，繼續為下一代建構更良善的家，以「信、望、愛」為我們生命的基石。

有孩子說：我不喜歡爸媽，他們都不愛我、不懂教我；

有孩子說：我不想出生，因為不是我選擇的。我想盡快離開這個家，因為家人常常罵我；

有孩子說：我不想見到父母，因為他們的眼中只有錢，我討厭他們。

有大人說：做家長很難，特別是在這互聯網的世代；

有大人說：做家長要考牌，因為有很多不認識孩子、不懂教孩子的家長；

有大人說：我都不想做家長，只是意外而已，我都想將他們塞回自己的肚子內。

然而我卻又見過很多家長，為了養育子女，早出晚歸，任勞任怨；又有很多家長將最好的菜餚留給孩子，自己就吃多餘的；　更有很多家長省吃儉用，對孩子就闊綽任用……但又有多少個的「他們」能夠贏得孩子們的歡心笑意？

作為一位社工，我也自覺教人家的孩子比教自己的孩子容易。也因此當我知道要當媽媽後，我就一路看不同的書籍，一路從自己工作所接觸的家長群並信仰的動力引力中，裝備自己成為一位智慧媽媽。期間的過程有笑有淚、有起有伏、有對有錯，軟硬兼施、恩威並重……總之聽說是好的板斧我都會試。今天孩子長大成人了，在媽爸、家人及人家眼中總算是一位有為好青年。

二零二三年尾我從全職社工生涯退下來，得到孩子的首肯，我就將不同階段工餘時間寫作的文章結集成書一這是一趟夢的啟航、夢想之旅。期間有著不同伙伴、校長、朋友、服務對象及家人們等的幫忙支持，他們都是我生命中遇到的好人、恩人、貴人，但願每一位買書者、閱書人，都能從中得到點點啟迪、大大祝福。

第一章

以 信 為本的管教

p.16

1 食人魔與小天使 　　　　p.18
2 我不穿新年服 　　　　p.20
3 不必要的「管」和「幫」 　　　　p.22
4 數臭了的孩子 　　　　p.24
5 激到嘔血的小鬼頭 　　　　p.26
6 獨坐男，獨食女 　　　　p.28
7 怕被老師罵 　　　　p.30
8 以為很難其實不難 　　　　p.32
9 看畫之意不在畫 　　　　p.34
10 意料之外的獎項 　　　　p.36
11 哭鬧之後 　　　　p.38
12 校服外套不見了（一） 　　　　p.40
13 校服外套不見了（二） 　　　　p.42
14 孩子大了，想多了 　　　　p.44
15 媽媽不要哭 　　　　p.46

16 奧地利之旅 　　　　p.48
17 識做家長 　　　　p.50
18 從不願賣旗到開心賣旗 　　　　p.52
19 我家的堆填區 　　　　p.54
20 出營後的枕頭語 　　　　p.56
21 做媽媽的無為和無知 　　　　p.58
22 不想完結的音樂劇 　　　　p.60
23 試後狂歡日 　　　　p.62
24 比賽的輸和贏 　　　　p.64
25 電話與數據 　　　　p.66
26 孩子去窮遊（一） 　　　　p.68
27 孩子去窮遊（二） 　　　　p.70
28 放榜前給孩子的信 　　　　p.72
29 十八歲後的憂慮和祝福 　　　　p.73
30 媽媽這名字是多麼美麗和強壯 　　　　p.76

第二章

以 望 為本的溝通
p.78

1 總有艷陽天　　　　　　　p.80
2 驚心動魄的一剎那　　　　p.82
3 書中自有黃金屋　　　　　p.84
4 學校半天遊　　　　　　　p.86
5 媽媽服務券　　　　　　　p.88
6 為什麼他們不來陪我玩　　p.90
7 一星期一次的生日會　　　p.92
8 沒有胃口與好有胃口的孩子　p.94
9 孩子逼媽媽跟他學畫　　　p.96
10 我要辭職　　　　　　　　p.98
11 求求其其的母親節禮物　　p.101
12 換季　　　　　　　　　　p.103
13 賴床，不想上學　　　　　p.105
14 第一個獎杯　　　　　　　p.107
15 從 Mr.Grumble 到 Mr.Humble　p.109
16 家長的話題　　　　　　　p.111

17 媽媽不要來（一）　　　　p.113
18 媽媽不要來（二）　　　　p.115
19 夢想的工作　　　　　　　p.117
20 母親節的期待　　　　　　p.119
21 放暑假　　　　　　　　　p.121
22 吱喳母子情　　　　　　　p.122
23 滂沱大雨後釣墨魚　　　　p.124
24 五個去海洋公園的少年　　p.126
25 青春期的忍和退　　　　　p.128
26 常常問的為什麼　　　　　p.130
27 孩子，你知道嗎　　　　　p.132
28 媽媽離家旅行去　　　　　p.134
29 會洗碗的孩子　　　　　　p.136
30 終於等到了　　　　　　　p.138

第三章

以 愛 為本的同行
p.140

1 甜甜的心、甜甜的話、　　p.142
　 甜甜的孩子
2 幹大事　　　　　　　　　p.144
3 孩子口中的愛與掛念　　　p.146
4 生孩子前和生孩子後　　　p.148
5 Love to Learn, Learn to love　p.150
6 錫仔訓練班　　　　　　　p.152
7 兄弟情深　　　　　　　　p.153
8 孩子的愛人，愛人的孩子　p.155
9 盼到頸長的生日禮物　　　p.157
10 為多啦 A 夢發狂了（一）　p.159
11 為多啦 A 夢發狂了（二）　p.161
12 我要跟爸媽　　　　　　　p.164
13 等待媽媽歸家的孩子　　　p.166
14 提醒媽媽　　　　　　　　p.167
15 運動會的贏和輸（一）　　p.169
16 運動會的贏和輸（二）　　p.171

17 孩子愛唱歌　　　　　　　p.173
18 媽媽和女性朋友的分別　　p.175
19 吃奇異果和錫媽媽有什麼關係　p.177
20 戇爸的智慧　　　　　　　p.179
21 捨不得畢業　　　　　　　p.181
22 被取消資格之後　　　　　p.183
23 一個給媽媽一分的男孩及　　p.185
　 一個會幫媽媽拿環保袋的少年
24 母子的十年前，十年後　　p.187
25 偶而遇上的驚喜　　　　　p.189
26 能說對不起，真好　　　　p.191
27 一本載著愛的簿　　　　　p.193
28 一個婆婆公公幫手湊大的孩子　p.195
29 撐著枴杖的老爸　　　　　p.197
30 一起去飛　　　　　　　　p.199

第一章

以**信**為本的管教

　　在親子教育中，培養孩子的「信」很重要，這個「信」是信心，這信心又指是孩子對自己、對其他人、對世界，甚至對上帝的信心。有了這份信，孩子就能夠面對真實的自己，又再敢以這真實的自己來面對身邊的人、身處的世界，並那摸不見、觸不到卻能感受得到的上帝，從而創建不一樣的未來。很喜歡以下這首英文歌「When You Believe（當你相信）」，其歌詞句句鏗鏘、字字珠璣，它不但可以為孩子注入一份改變自己、改變世界的信心，它還可以成為你我做父母的無窮激勵。我即管把歌詞翻譯成中文，希望讓更多家長能感受到這份「信」的威力。

Many nights we prayed	在很多個夜晚，我們禱告
With no proof anyone could hear	不知道有沒有人聽到？
In our hearts a hope for a song	現在我們心裡，希望有一首歌
We barely understood	我們或未明白
Now we are not afraid	現在我們並不害怕
Although we know there's much to fear	雖然我們知道可以有很多事會害怕
We were moving mountains	以前的我們，會移山
Long before we knew we could, whoa, yes	很久之前，我們就知道我們可以移山！
There can be miracles	這世上可以有奇蹟
When you believe	當你相信
Though hope is frail	雖然希望是渺茫

It's hard to kill	但卻難以被滅
Who knows what miracles You can achieve	誰會知道，你會達成什麼樣的奇蹟
When you believe somehow you will	當你相信，你就能達成
You will when you believe	當你相信，你就會達成
In this time of fear	在害怕的時候
When prayer so often proves in vain	當禱告似乎變得沒有用
Hope seems like the summer bird	「希望」像夏天的鳥般
Too swiftly flown away	迅速便飛走
Yet now I'm standing here	但現在，我仍站立在此
My hearts is so full, I can't explain	我的心被充滿，我難以解釋
Seeking faith and speakin' words	現正尋找信念和擲地有聲的話
I never thought I'd say	從不覺得，我會這樣說
There can be miracles	這世上可以有奇蹟
When you believe	當你相信
Though hope is frail	雖然希望是渺茫
It's hard to kill (Mmm)	但卻難以被滅
Who knows what miracles	誰知道，會有什麼樣的奇蹟
You can achieve (You can achieve)	你能夠達成（你能夠達成）
When you believe somehow you will	當你相信的時候，你就能夠達到
You will when you believe	當你相信，你就能達到
(Hey) (Ooh) They don't always happen when you ask	當你要求的時候，它們不一定會發生
And it's easy to give in to your fears	而你很容易會向恐懼投降
But when you're blinded by your pain	當你被痛苦蒙蔽的時候
Can't see the way, get through the rain	找不到路去避過這場雨
A small but still, resilient voice	但有一把微弱、強韌、堅定的聲音
Says hope is very near, oh (Oh)	告訴你，希望已很接近了（噢）
There can be miracles (Miracles)	這世上可以有奇蹟
When you believe	當你相信的時候
(Boy, when you believe, yeah)	（孩子，當你相信）
(Though hope is frail)	（雖然希望是渺茫）

① 食人魔與小天使

　　很多朋友都說現在的孩子口齒特別伶俐、反應特快、性格亦特強。做家長的少一點能耐、少一點智慧亦難以馴服。而我的孩子亦是典型聰明孩，雖然只是四歲多，卻已經歷了不同階段的反叛，而我也努力地學習見招拆招、寓理論於實踐。

　　最近三個星期，仔仔在家時忽地變得有點高傲自負、不可一世，說話的口吻語氣活像傳統訓導老師嚴厲訓斥壞學生。他喜歡訓誡人而不喜歡受人訓誡、喜歡指導人而不喜歡受人指導。當面對指責時，他更會變臉，變成一個面容扭曲的食人樣襲擊人。如此這般，那曾被他勁疼的婆婆，亦抱怨這孫子不易教。

　　前幾晚，我還未踏入門口，已聽到仔仔在嚎啕大哭，那淒厲聲叫我知道該是意外發生了。的而且確，原來仔仔在做新聞剪報時不小心用釘書機釘到自己的手指，隨即有血流出、痛楚難當。婆婆緊張非常，隨口厲聲指責他不應亂用釘書機。仔仔聽到後露出一副兇悍嘴臉，並想襲擊婆婆。我和丈夫即時阻止，並要求他控制自己的嬲怒情緒，收起老虎咬人的兇惡臉。丈夫靜靜地環抱他，讓他好好地大哭一場，待他慢慢平靜後就輪到我和他談感受說道理。

　　又有一晚臨睡前，他說想喝果汁，但婆婆已給他倒了奶，我請他聽婆婆話先喝奶。他知道目的不能達時，隨即露出惡形惡相。我底線依舊，不為所動。只輕輕地告知要在適當時候做適當事。然後，我就避免和他爭辯，再左右而言他地轉移視線。這一次，他的脾氣收斂了。雖然樣子還是有些不悅，但就沒再襲擊人。最後孩子更在我有意無意的引導下，順服地把奶喝完。

　　晚上來到枕頭語時段，我除了和他談心事外，有時也會和他說自創故事，藉此滲透些小小大道理。這次，仔仔主動擬定主題是「謝謝你，我的好媽媽」，主角名為「賓仔」。我順水推舟，一起創作《賓仔謝謝好媽媽》故事。這一刻，他再次回復天使模樣，環抱著媽媽勁錫，和之前的食人魔樣有天淵之別。

　　攬著他，禁不住為他微聲禱告，求天父保守及引導仔仔走好前路，做個自我祝福及祝福他人的小天使。

<< 停一停．想一想 >>

遇著孩子的反叛行為時，你的反應會是什麼？

② 我不穿新年服

　　農曆新年是中國人的大日子，一家人打扮亮麗是件賞心樂事，而小孩穿著一套紅紅當當又或是金金黃黃的傳統中國新年服就更令人開心悅目。仔仔之前還很願意配合，但踏入五歲的他，開始不想聽媽媽話。

　　因初一至初四是拜年日，做媽媽的我就以不爛之舌說服孩子穿新年服。以下是我們部分的對話：

媽媽：仔仔，新年要穿新年服呀！這樣就會很得意很可愛的。(我
　　　臉加上兩錢肉緊)

仔仔：我不想穿，為什麼媽媽你也不用穿新年服？(說得很有道理)

媽媽：因為大人較少穿新年服。(其實應該是大人穿新年服沒有小
　　　孩子穿得可愛)

仔仔：為什麼Y哥哥不用穿新年服？(大仔仔一歲多的表哥是仔仔
　　　的模仿對象)

媽媽：因為Y哥哥不是媽媽的兒子，媽媽的兒子就要聽媽媽話。(希
　　　望仔仔學習順服，不以他人作比較。)

仔仔：那你也要聽我的話。(現在的小孩很牙尖嘴利，仔仔也不例
　　　外)

媽媽：媽媽有時也會聽你話，只是你是小孩子，許多事情須要先聽
　　　大人話。(我盡量保持一把溫柔的口、一顆堅定的心)

仔仔：(默不作聲地帶點不甘心)

媽媽：記得三個小家姐嗎？當她們還小的時候，她們都會穿新年服
　　　見我們，這是爸爸家族的傳統，代表著孩子對人新年的祝
　　　福。(刻意將孩子的模仿對象轉移)

仔仔：媽媽，那我只要穿一天。（仔仔開始軟化，但仍繼續發揮講
　　　數本領）

媽媽：媽媽只要你在初一至初四穿，其他的日子就不用穿了。（盡
　　　量讓仔仔知道媽媽的底線）

仔仔：那我只要穿上衣，不穿褲子。（仔仔已明顯讓步，但仍不離
　　　講數本色）

媽媽：好，一言為定。你聽媽媽話，媽媽也聽你話。但你要讓媽媽
　　　在家先給你拍個全身新年服照才可。（一人讓一步常是人際
　　　關係雙贏之策）

仔仔：一言為定。（仔仔重現笑臉，做媽媽的我更是笑逐顏開）

　　孩子漸長，愈來愈有主見，做父母的要教導也不易。至於我要
學習的是，如何以恩威並施的方式，讓孩子學懂聆聽及尊重父母的
話。然後在他逐漸長大並開始有不同意見之時，再給他空間，決定
更多事情。

　　穿新年服只是日常生活去訓練仔仔尊重媽媽意見的一例。我想
這個堅持在明年或會因著他的成長而不能再繼續了。

―――――――

<< 停一停‧想一想 >>

孩子有意見時，
你會習慣順著他的意、逆他的意還是和他有商有量？

③ 不必要的「管」和「幫」

　　在商場廁所內，一個四歲小女孩想開水喉洗手，做媽媽的卻想加以阻止。

女：我要洗手、我要洗手……

媽：你都無去廁所，不用洗手。

女：我要洗手、我要洗手……

媽：你一定又是想玩水，玩啦玩啦，恐怕你又是要玩到裙都濕了
　　……

　　在餐廳內，一個五歲的小男孩拿著餐刀切切切，做爸爸的立刻出言制止。

爸：說過你多少次，把刀好危險的，很容易切到手，爸爸不已把腸
　　仔切好了嗎？

仔：我要切、我要切……

爸：你想怎樣，我幫你、我幫你……（同時一手搶刀）

仔：哇哇哇……（即時尖叫大哭）

　　在家中的大廳，工人姐姐要吸塵，七歲的女孩想幫手，媽媽即時制止。

女：我要吸塵、我要吸塵……

媽媽：玲玲，走開，不要阻住工人姐姐做家務。

女：我要吸塵、我要吸塵……

媽媽：玲玲，你這樣好唔聽話呀……

為什麼孩子不能聽老師的話去完廁所洗手？

為什麼孩子洗手就斷定她要玩水？

為什麼孩子拿著不利的餐刀切食物也不可以？

為什麼孩子想幫手吸塵，不教她怎樣吸？

為什麼孩子自己可以做到的事不讓他試下做？

為什麼？為什麼……

二零二一年史丹佛大學教育研究院一份研究報告顯示：父母與孩子引導和互動，能夠幫助年幼的他們建立認知和情緒的能力，但當父母過度介入，則會造成反效果。

這一代的父母比我們上一代都更努力地做好父母，相處中常有更多的親子時間。只是有時很多的親子時間中，卻不期然地對孩子作出了更多插手式的保護和阻撓，當中有不少是不必要的的「管」和「幫」。不知不覺地，孩子想學習和成長的空間被削減了。逐漸地，變得愈來愈沒有動力去做事了。

———

<< 停一停 · 想一想 >>

你會如何在孩子不同的成長階段給予適當機
會令他成長得更快更健壯呢？

4

數臭了的孩子

「她呀，一回家就上網，功課總是留到最後一刻才完成，說她兩句就黑口黑面，不是一言九頂，便是大力關門……」這一邊廂的媽媽在絮絮不休地數算著女兒的不是。

「媽媽嘛，實在煩到無人有，我一回家，不是罵這樣，就是說那樣，總之在她眼中，我就是一無是處、無樣值得她欣賞……」那一邊廂的女兒一口氣地訴說了對媽媽的怨氣。

這一幅畫面、這一些對話，對我這個接觸過數以千計父母和學生的社工而言，實在司空見慣。了解下，你會發現：做媽媽的，是多麼的愛女兒、多麼想女兒好，可真是日想夜又想，於是就不知不覺地變了日提夜提、日罵夜罵。至於做女兒的，又是多麼在乎自己在媽媽眼中的印象，也因此會因媽媽的每句話，每個反應而和她計較、和她爭辯。這又很自然地演變成一個互不相讓、互相指責的局面。生世的緣份、生世的關係，弄至於此，豈不可惜？

某一天和好友一家吃飯，席間，夫婦倆不自覺地和我們說其八歲兒子的一些缺點，如沒有練琴啦、不專心啦、寫字不整齊啦，但卻有樣扮就是駁嘴駁舌啦。兒子一路聽、一路辯，心急時甚至會嘗試用手阻止爸爸說話。

我在旁的七歲仔仔，見勢色不對，也開始擔心他媽媽我會加入數臭兒子的戰團，於是下意識地也掩著媽媽想說話的口。對我們這些家長來說，一起說兒子的事只是閒話家常。只是對孩子來說，爸媽在其他叔叔姨姨和好友面前數算他的缺點就是直接搞垮他的形象，令他抬不起頭來，因此孩子便自然地想盡辦法去保護自己。

　　想真一下，孩子其實很簡單可愛，他們的笑臉可以很燦爛，但心中的怒氣也是很直接、所說的話亦滿有智慧，實在值得大人去深思尊重。再想深一些，若他們對爸媽的話無動於衷，不懂或不喜歡駁嘴駁舌，而是自我封閉地胡思亂想，那不就更令我們擔心憂慮嗎？

　　聽說臭豆腐是越炸越臭，很多孩子嘛，我想也是一樣，越數越臭、越數越不濟，慢慢數到他一無是處、無可藥救，親子關係也自自然然地越拉越遠，那時想教好他就難上加難。如果非數不可，就要避免在他面前數，並選適合的人前數，以確保數後沒後遺症，且數的目的不純是情緒發洩，而是齊想辦法教好他。

<< 停一停・想一想 >>

在與親戚朋友閒話中，我們會談論孩子嗎？
是習慣數算孩子的不是還是他的乖巧？

⑤

激到嘔血的小鬼頭

　　放工的港鐵上，原打算去看看筆記準備一下查經的資料時，忽地被對座一對年約四十多五十歲的爸爸和他約三歲兒子的對話及行徑吵著，於是唯有被逼專心聆聽。

爸爸：你對大表哥無禮貌，他唔錫你（手指指，輕聲地說）

兒子：他都唔錫你，你走……（手指指，並大聲呼喝）

爸爸：我們唔要你（聲量仍是偏低）

兒子：唔要你，你走……（手指指兼聲大夾惡，同時舉手想打爸爸）

爸爸：你係埋咁曳，我就打你（聲量仍保持偏低，舉手想打兒子）

兒子：打你……（像獅子咆哮，直打爸爸）

爸爸：（抱起兒子，細細力地打了他的屁股數下）

兒子：（大哭，環抱著爸爸的頭，大大力打他）

　　車廂裏，不少的旁人都像我一樣，全神貫注地留意著事態發展。雖然我們未必認同這肥爸的做法，但卻一定會覺得他是多麼想教好自己的兒子呢！才這麼一個三歲細細粒的小鬼頭，卻已令到大大隻的肥爸束手無策，甚至無奈無助，豈不哀哉！由於轉車關係，這個肥爸不理三七二十一，匆忙地抱著兒子走出了車廂。那時同是轉車的我，真有一股衝動去鼓勵這個爸去參加一下家長進修班，學多一些不同的招式功架，來拆解孩子的反叛密碼。

　　現代的孩子，真的不易教呀！要罵他嗎，他的嘴巴比你更厲害；要嚇他嗎，他反過來嚇壞你；要打他嗎，他打你時會更重手。可謂

遇強愈強、遇硬愈硬。君不見有些疼愛孩子的父母會激到生蝦亂跳，即或跳樓割脈，也在所不辭。至於孩子嘛，卻仍是那一副「無動於衷、睬你都傻」的嘴臉。

想起我家孩子，小時候也有過這種反叛反抗、惡形惡相的狀態，讓做大人的絞盡腦汁要教好他。日子有功，現在的他，和爸媽的溝通，大部分時候都是有商有量、嘻嘻哈哈，你一言我一語地令到我這媽笑到見牙不見眼。

人都說：孩子乖嘛，比中六合彩還要開心……做家長嘛，想的不也是一樣嗎？只是當中要靠的不只是買中六合彩的運氣又或是上天的恩惠，更多的還是有效方法。除了打、罵、嚇這舊式三招外，智慧的爸媽朋友，口袋和心口都應該藏了不少，此刻的你可曾發現了一些呢？

<< 停一停‧想一想 >>

當孩子不乖時，你會思考什麼是最長久有效的教導方法嗎？

6

獨坐男，獨食女

早一陣子去元朗工作，在茶餐廳吃午餐時，看到兩個分別約六歲及九歲小孩的做法是那麼相似。他們雖來自不同的家庭，且各據不同的餐桌，但兩人都不約而同地想獨坐卡位一邊的長椅而要求分別是爸媽及婆婆媽媽的大人分坐另一邊。他們的家人似沒反對或異議，只輕輕地抱怨孩子「人仔細細卻坐這麼大地方」。

這一晚，八歲的仔仔和他爸爸在餐廳內等待遲放工的媽媽我，怎料我一來到，仔仔竟然要求媽媽不要坐他那邊，改坐爸爸那邊，因為這樣他會覺舒服自在些。哈，原來人都有些「貪舒服、識享受」的基因，孩子無論住在哪一區、生長在哪一個家庭，他們的一些想法亦會有不少雷同之處……為免孩子變成獨坐男、自我孩，做媽媽的我當然不依他，嘻哈地以一句「人仔細細居然學人坐這麼大地方」拒絕了他，而他那高頭大碼的爸爸也在一旁齊口和應。兩把的聲音果然威力無比，仔仔自然沒機會成為獨坐男。

之後的某個星期天，家中沒飯開，一家人唯有光顧外賣。爸爸說買薄餅，婆婆想自己煮麵吃，仔仔希望吃壽司，當他聽到媽媽的想法和他一樣時，就開始嘟起嘴對媽媽說：「吓，我想你和婆婆一起吃麵。」了解之下，原來他擔心媽媽和他一起吃壽司會令他不夠吃。我聽後，忽地怒火中燒，隨即義正辭嚴地回應了一句：「仔仔這樣說很過份呀！現在是爸媽用錢買食物，你都想獨食不和媽分享。你還說將來要養媽媽、照顧媽媽！」那一刻的怒氣，細想下，乃源自我想起一個中二學生和她媽媽的故事。

　　聽說那媽很節儉，和女兒外出吃飯，有時即或餓也稱不餓，有時是選最便宜的，又或吃女兒吃剩的，為的是讓女兒可多吃一點、吃好一點。卻倒頭來，女兒沒有因媽媽的苦心而更疼媽媽，反視之為理所當然，吃什麼做什麼都只顧自己，沒有將媽媽放在眼內⋯⋯我想：孩子要學習與人分享，他首先要明白媽媽以至其他人的需要。

　　仔仔該是知道自己得罪了媽媽，故即使被媽媽罵也不敢反駁，只是急忙攬著爸爸飲泣。丈夫此時也扮演了一個適當的解說者，除了讓仔仔明白媽媽的心情外，同時亦引導他恰當處理面對的問題。

　　之後遇到鄰居陳太，她稱讚我家仔仔是她見過孩子中最會分享和忍讓的一位。這令我更深信：愛的管教，從來都不會白費⋯⋯

―――――――

<< 停一停‧想一想 >>

在供給孩子最好之同時，我們會否亦考慮自己的需要？

7

怕被老師罵

　　某晚七時許放工回到家，八歲的仔仔已經累極入睡。及後雖然在九時多起了床，但沒做完功課便又被睡魔急 Call。因為覺得他感冒菌還沒完全離開身體，我這做媽媽的就吩咐他上床睡覺無謂勉強，寧願待到明天早起精神好些才做。

　　第二天仔仔一早起來，完成功課收拾好書包後已是趕著出門時。一路上，他忽地告知我忘了帶一張已簽的通告，為免被老師責備，他說要回家取。那時見時間所餘無幾，而我稍後亦要趕著上班，於是即或他眼淚盈眶、苦苦哀求，我都告知他今次媽媽不能聽從他，他可以向老師解釋自己的情況，再看老師如何處理，之後我就半推半說地陪他去校巴站。見到同學後，他的情緒開始平伏，順順利利地上車上學去也。及後，我曾想應否致電班主任跟進一下，然轉念之下，我還是沒有做。畢竟於我而言，被老師罵、被人批評也是一種成長的學習，如能將之視作努力改善的原動力，人才可以開心地成長。

　　晚飯時段，我跟進事件，打趣問仔仔有否被老師處罰，他竟然狀甚輕鬆地告知，老師並沒有罵他，只是罰他去了 105 室留堂。於他而言，這樣原來亦沒什麼大不了。太好了⋯⋯如今他看事情似乎眼光又開闊了。真的，做事之前要想清楚以便做到最好，完事後要將一切結果看輕一點。即或做錯事也沒有辦法地要接受懲罰，這世界就是這樣，沒什麼解決不了的事件，最重要是從事件汲取教訓就是了。

　　成長嘛，就是這麼一回事⋯⋯

<< 停一停・想一想 >>

你可曾因為害怕孩子被老師罰、
被老師罵而幫多了不必要的忙呢？

⑧ 以為很難，其實不難

二零一一年四月的一個星期天，我們一家三口跟著孩子學校去大埔旅行。由於是一年一度，有機會與同學仔在學校以外的地方大玩特玩，仔仔的心情特別興奮雀躍。即或之前一晚夜睡，第二天一早起床亦全無難度、精神奕奕。

當天天文台預測天陰有雨，我們心裏倒是祈求天父，讓天氣不會影響到我們的行程、糟蹋了我們的興致。畢竟天色不會常藍、花開亦不會常漫，人倒要學習自我調節，讓心情變好一點、心態正面一點。哈哈，感謝天父，下雨之時，我們都在車上，至於下車的大部分時段，我們都不用擔著雨傘。

來到大美篤，導遊打算帶領親子行「十二生肖徑」，只是因剛下過雨，導遊一再提醒山路滑、有危險，家長可自行選擇會否隨隊。當我們來到上山起點，部分上了少許山的家長告知山路實在太滑，提議打算上山的我們不要讓孩子冒這個險。仔仔聽到部分同學不去，亦想打退堂鼓，留在山下遊玩。只是近日愛上行山的他爸爸，鼓勵繼續前行，只要萬事小心就可，故此在一位同學及家長的同行下，仔仔勉為其難地接受了挑戰。

路，是濕滑了一點，我們各人互相扶持提點，走得慢一些、小心一些，一切又似乎沒有想像中的「難」。不知不覺，半小時過去了，我們居然輕而易舉地走畢了「十二生肖徑」，在途中還遇到不少學校的同路人呢。或許，之前兩星期，仔仔才跟著爸媽行另一段難度更高的山路，故今次他也大呼路程原來沒有什麼難度。經此一役，孩子發覺：很多困難其實沒有想像中的大，如被嚇倒，我們便

很難看到美麗的景色、體驗到美妙的感受。反而,我們將之視為挑戰,讓自己作最好的準備,適當地迎戰它,那它又會為我們帶來非一般的刺激和樂趣。

鼓勵與同伴,會令以為難行的路變得容易很多。

<< 停一停・想一想 >>

當孩子想放棄做一些難度較高的事時,
你會如何處理?

9

看畫之意不在畫

仔仔自五歲以來，逢星期三晚上都會跟樓下畫室的老師學畫。除了因病，太累或旅行等個別情況而須改期外，大部分時候均能如期地學習，且往往樂在其中。仔仔升上小三剛開學的十月，這間畫室在中環藝術中心開了一個聯合學生畫展——《我和他她它》，還發邀請卡，請學生邀請家人朋友們去共賞。說實在，仔仔只有兩幅畫展出，做媽媽的我除親往觀賞支持外，倒沒有想過要什麼人同往。但鬼馬的他卻忽發奇想，說要邀請他幾個班中的好友出席，因可藉此機會和他們「玩餐飽」。雖然我並不太想麻煩人，但在孩子成長的過程中，我盡量提醒自己在一些好的事上不要對孩子說「不」，以培養他做事的信心和勇氣，故此我就任由他去安排今次的事宜。

之後，仔仔誠懇地邀請了班中四位男同學，想不到居然還真有三位同學及其家人應約。原來我們做家長的都盼望孩子能有小學的好朋友好玩伴，於是一有時間便想找個理由聚一聚。怎樣也好，心那刻亦真感謝這些親子們對仔仔的現身支持！尤其想到那條往藝術中心的崎嶇難行路⋯⋯

四個好朋友仔，去到畫展，沒有像大人那般嘗試細緻地欣賞每一幅的藝術創作，只粗粗略略、匆匆忙忙地走了一趟，跟著便想將展覽館變成追追逐逐的地方，而我的好孩子更曾想過要開枰鬥一番（BS 卡）⋯⋯哈哈！做家長的，除了鼓勵孩子久留一回細賞不同畫作外，也唯有識做地將隊伍移師往附近的遊樂場，讓他們可痛痛快快地走一趟、玩一趟、笑一趟⋯⋯

　　哈哈哈，人說：醉翁之意不在酒，而我們家的孩子卻都是「看畫之意不在畫」呢！

<< 停一停·想一想 >>

當孩子有些非你所願的表現時，你的反應會是什麼？

10 意料之外的獎項

十二月三日，我特別取了半天假，帶仔仔去灣仔六國酒店參加年度的校際英文獨誦比賽，為要訓練他的膽量及擴闊他的眼界。今次是仔仔第二年參加，上年訓練他的是媽媽我，上到台他會緊張到聲線表情動作都打了個六折。至於今年的訓練重責就落在他喜愛的英文老師身上，原來效果可以很不一樣。

那天出門前，我想請他朗誦給婆婆媽媽聽，怎知他總是忍不住笑，無法專心致志。且對媽媽我的提醒愛理不理。在勉強無幸福的情況下，我就識做地由他去也。當天因仔仔十一時半要回校考試，故此我們預計完成朗誦後，便得趕回校。仔仔忽地對我說：「媽媽，假如我拿了冠軍，那麼不是沒機會領獎嗎？」那一刻的我，聽到孩子這句滿懷信心話，不禁失笑地豎起大拇指直讚他真有大志！

出門時是上班的繁忙時間，地鐵沙甸魚並面容扭曲貼窗的恐怖狀令人難忘，仔仔應體會到每天乘校巴上學放學是何等幸福的一回事！終於有驚無險地來到現場，仔仔出場次序是第七。前面的同學有人表現突出、抑揚頓挫而毫不怯場；有人聲線平平無奇且動作欠奉。已有些比賽經驗的仔仔今次表現明顯淡定並滿有大將之風。聲音鏗鏘悅耳、緩急有序。雖然動作不多，但亦已令在場的我有「士別三日、刮目相看」之感。當仔仔回頭看媽媽時，我即時給了個頂呱呱。

完成了上半場比賽後，我們隨即趕回校，分紙就交由另一位家長代取。在途中母子倆輕輕鬆鬆地吱吱喳喳，能如斯挽手相伴、東奔西走可真過癮快慰。

　　下午時分，代取分紙的家長來電告知：仔仔得了八十六分，是第三名，哇！意想不到的驚喜，我即時去電孩子的英文老師，感謝她的教導，同時請她轉告孩子。

　　及後聽仔仔說，當老師告知他時，他忍不住在小一的學弟學妹前大聲疾呼「Yeh」，令他們亦大笑他的傻勁。

　　參與快樂，得獎快樂，不得獎也快樂，享受生命每天的樂趣。正如學校今年的主題：快樂活著。這是我對孩子的期望，同時也是天父對我們的祝福！

─────

<< 停一停・想一想 >>

你對孩子參加比賽，會抱著什麼心態？

11

哭鬧之後

　　教會崇拜後，有三個八、九歲的小孩正圍著一部 IPAD 玩遊戲，他們的身旁正站著一位三歲男童 R。R 重覆地問同一個問題：「可不可以給我玩呀？」。一而再、再而三，那三個男孩或許太專注於手上的螢幕，或許嫌他太小不懂玩，他們都不理會他。R 知道沒人理會他，其哀求聲開始變成哭聲，及後見到媽媽，更將哭聲調到最大。而其媽像很多媽一樣，因不忍聽到孩子哭，於是主動要求那三位哥哥讓她孩子玩一會兒⋯⋯

　　在某個風和日麗的星期日，五十多名親子在社工及多名義工的帶領下去西貢旅行。其間義工送出了五個足球去嘉許協助活動準備的家庭。由於那足球相當特別，故不少孩子也渴望擁有。當中的一個九歲小童哭鬧表現令人震懾，他媽媽因不忍見到孩子哭，就央求社工給他一個足球。但當社工沒有答應時，這媽媽就開始怪責社工沒「疼孩心」⋯⋯

　　某周六早上，九歲的仔仔和我這媽玩「鋤大 D」，為免孩子因輸而鬧情緒，我預先說明只玩三盤，連續三盤都輸也不要哭鬧。雖然做足心理準備，然仔仔還是忍不住在輸了三盤之後哭起來，並央求媽媽和他玩第四盤。為訓練孩子輸得起，亦免其哭鬧得逞變成習慣，我冷靜地告知仔仔：媽媽明白他很想贏，但他是不可以哭聲來逼讓媽媽就範的，因這樣只會令媽媽感到煩躁而不理他。媽媽一定會陪他玩但不是此時此刻，他要學習的是「願賭服輸」的小小大道理。之後我就溫婉冷靜且毫不猶疑地離開了他的房間，往廚房煮早餐去也。仔仔初期緊拉著媽媽不放，及後知道媽媽的心腸難以被

哭聲融化，且有預備早餐的任務在身，也就勉為其難地放過媽媽，獨留在被窩內大哭特哭。

大約一兩分鐘後，仔仔忽地停止了哭聲，若無其事地走出廳看電視。我鬼馬地扮了他剛才的慘樣，彷彿知道自己的傻態，他嘻嘻地做了個鬼臉。然後母子倆就東拉西扯、說說笑笑地齊吃早餐是也。

易哭易笑，是很多 BB 及小孩的特徵。父母家長要學習淡淡定定，並適時動之以情、說之以理，再加兩招轉移視線、展望遠景。這樣，他的哭鬧會愈來愈少，笑聲則愈來愈多。我家孩子，就是這麼一步一步地走過來，慢慢地成為了每天以笑聲擦透爸媽心窩的小天使。

───────

<< 停一停・想一想 >>

在教養的生涯中，你會常因孩子的哭鬧或發脾氣而不自覺地順從就範了還是堅持企硬令孩子變得更哭鬧更易發脾氣？

你知道有更好的方法嗎？

12 校服外套不見了（一）

　　下班踏入門口的一刻，便聽見仔仔大嚷，剛買的校服外套又不見了。由於今次是近月的第二次，他在擔心媽媽的反應。

媽媽：吓？是嗎？那是怎麼一回事？

仔仔：我應該是唱合唱團時在音樂室遺失了……

媽媽：那有無機會找回呢？

仔仔：我明天去失物認領盒內找找。

媽媽：會不會問下校務處會好些？

仔仔：問校務處無用的，他們是不會理的。（孩子應該比媽媽更清
　　　楚學校的運作。）

媽媽：那媽媽暫時不幫你買，看看你明天是否有機會找到。如果找
　　　到，那我們就可省卻八十多元。」（我想讓仔仔知道當中的
　　　代價。）

婆婆：婆婆都一早和你說，你應在校服外套上寫你的中文名而非英
　　　文名，這次不見了亦很難尋回呢。（婆婆的表達方式很傳統，
　　　雖然很關心仔仔卻亦容易在發生問題後變得落井下石。）

　　或許聽到婆婆的「一早和你說」，仔仔開始變得煩燥。

媽媽：仔仔，你一定亦很擔心找不到，是嗎？（這是萬試萬靈的同
　　　感心。我這一次倒用得遲了些。）

仔仔：是呀！

媽媽：不要緊，你今次不是故意遺失呢，媽媽不會罵你，但你亦要
　　　想想自己為何會那麼容易遺失外套呢？(我覺得不小心的錯
　　　孩子都不想，無謂責罵，只是他要從中汲取教訓。)

仔仔：因為我只是披著。

媽媽：噢，原來如此，那你下次會否穿在身上會好一些？

　　　仔仔沒有作聲，但我覺得他已經收到。及後吃完飯，仔仔忽
地要環抱著媽媽要吻吻，並靜靜地在媽媽的耳邊說：「媽媽你知不
知道我很愛你的？」「哈哈，我也是呢。」兩母子便又抱在一團。

　　　此事之後，我知道這種緊張得來不責罵、關心得來不煩躁的處
理方式又可以令我這媽在他心目中的形象分增加了不少。且不要看
輕這些分數。很重要的呢！愈積愈多之時，不僅令到親子關係充滿
甜味，還可以抵禦孩子踏入青春期後那份緊張關係的衝擊。

――――――

<< 停一停‧想一想 >>

當孩子告知你在校遺失了東西時，你的反應會是什麼？

⑬ 校服外套不見了（二）

　　第二天仔仔一放學回家，便匆匆打電話給媽媽告知他的校服外套被發現在女廁，並由一名女同學為他尋回，有傳言說是班中另一位女同學想作弄他。仔仔一向在校的人緣也不俗，如今忽地多了位女仇敵，我還是得了解個究竟。

媽媽：仔仔，你知道是哪個女孩嗎？

仔仔：聽說是 XXX。真是離譜，怎會把人家的外套放在廁所的呢？(仔仔的語氣似曾相識)

媽媽：你會很嬲那女孩嗎？(這是同感心的反映，讓仔仔知道媽媽明白他之餘，他亦可了解自己的情緒多一些)

仔仔：那當然了⋯⋯(他的怒氣實在可以理解)

媽媽：那你怎做呢？

仔仔：我已經告訴老師，老師正在調查，但那個女孩似乎不肯承認。

媽媽：那如果查不到出來，你會怎樣？

仔仔：那就唯有原諒她了。

媽媽：仔仔真好，很寬宏大量啊。有無想過那個女孩為什麼會這樣做呢？

仔仔：她傻傻地的⋯⋯

媽媽：她會否有些東西對你不滿而以這種方式表達？

仔仔：鬼知咩！

媽媽：那倒要想想呢⋯⋯

孩子長大了，同學之間的關係，亦開始變得微妙，負面情緒出現時，或會有暗算做假、設計陷害的行為表現。當和仔仔去討論如何處理時，我想除了教他怎樣保護自己外，亦得讓他了解人的善惡面，學懂原諒別人時亦要反省自己。

秋意漸濃的清晨，我伴著仔仔來到校車等候處。此刻見到一對小二的孖女，穿著單薄的校裙，在風中瑟縮著。其母親則剛從校車姨姨口中得知女兒不見的外套未能找到後，便開始怒氣沖沖地對兩女兒大興問罪之師，其罵人的聲線雖只維持了短短的幾分鐘，但在秋日的寒風中，聽進候車的多位家長孩子耳中卻顯得特別凌厲、冗長。難得的是，站在她面前的兩個小女兒仍強忍著眼淚，正襟危站地完全不敢作聲。

仔仔和我對望了一下，手則緊緊地拖著我，相信仔仔還是覺得自己挺幸福的。同樣不見外套，他媽媽的反應卻是那麼不同，或許亦因此他每一天總要環抱媽媽說愛。

————————

<< 停一停‧想一想 >>

當孩子遺失東西時，
你的處理方法是令你們的關係更親密還是更撕裂？

14

孩子大了，想多了

　　這陣子，九歲的仔仔長高了，差不多到了媽媽的耳朵邊，就連思想喜好亦明顯不一樣了。

　　仔仔的拖鞋爛了，某天我趁著店鋪大減價，知道孩子喜歡多啦Ａ夢，就買了一對多啦Ａ夢卡通拖鞋給他。想不到往日的雀躍驚喜表情不見了，代之而起是那扁嘴鄒眉的問語：「媽媽，買拖鞋之前為什麼不跟我商量一下？」

　　「吓……」我的樣子帶著幾許驚訝錯愕，心想孩子是否大得快了點？雖然如此，及後我還是不厭其煩地帶著他去換過另一對普普通通、平平實實、簡簡單單得來沒有卡通公仔、一點兒「得意味」都沒有的「堅係」拖鞋。

　　另一晚，枕頭語期間，和仔仔講起他校內一個四個孩子的媽媽，我在讚嘆那個媽媽很偉大的時候，仔仔忽地有感而發：

仔仔：T和G就好了，他們有那麼多兄弟姊妹。(很羨慕的語調)

媽媽：你很羨慕他們吧。那仔仔覺得多兄弟姊妹有什麼好處呢？(故作好奇)

仔仔：那日後很多事都會有人商量。

媽媽：那你覺得有什麼事將來須要和兄弟姊妹商量的呢？(真心想知)

仔仔：唔……像你和Daddy的身後事啦！

媽媽：吓……(我即使目瞪口呆，繼而忍不住哈哈大笑！)

媽媽：仔仔那麼快就想這些了。你說的也是，兄弟姊妹多的確就有

這種好處。M 哥哥也曾擔心過他日後長大要一個人養爸爸、媽媽、姨姨、婆婆公公很多人呢。

仔仔：媽媽，那我長大除了養你和 Daddy 外，還要養誰呢？

媽媽：婆婆公公啦……

仔仔：他們那時或者已經不在了……（我又一次目瞪口呆）

媽媽：媽媽當然希望婆婆公公仍然健健康康啦。

仔仔：大姨姨啦，我和丫哥哥可以一起養大姨姨。

媽媽：那大姨姨知道後會很開心呢！

仔仔：我很掛念大姨姨啊！

　　九歲的孩子，原來想的，和媽媽想的可以那麼不一樣，簡直猜他不到。或許有些話，大人會嫌不太吉利而想加以阻止。而我嘛，還是選擇順勢而行，這樣從孩子那裡會了解到更多、認識到更多。

<< 停一停‧想一想 >>

當孩子想的非你所想時，你的回應會是什麼？

15

媽媽不要哭

　　小學四年級的仔仔一個星期後將會隨學校踏上奧地利的音樂學習之旅。這一晚出席完簡介會後，他雖是疲累但心情卻是特別興奮，在親子的枕頭語中，我更驚覺孩子長大了、成熟了，速度甚至比我想像的還要快。

仔仔：媽媽，出發的那天，你除了送我到學校，會不會隨學校車送我去機場？(心中奇怪孩子的問題)

媽媽：當然會啦，但你想不想媽媽送你去機場？(我在盤算孩子的口會否發出令人驚奇的答案)

仔仔：都想的，只是你會不會哭呀？(孩子心中似有難言之隱)

媽媽：怎麼？你是否有些擔心？(保持好奇，讓我們聽得更多)

仔仔：唔……其實我擔心你會哭。因為這樣會令人很 embarrassed（尷尬）的，你知啦，我只是去奧地利十天交流，又不是去外國讀書一年或以後都不見，你其實也不用哭，不用不捨得呢。(孩子想的比媽媽想的更多更成熟)

媽媽：你說的也是。十天的旅程，眨眼便過，你很快又會回到媽媽身邊，又真的無須哭的。好啦，媽媽答應你，好好控制自己的情緒，到那天就令自己不會哭啦。(孩子的心思是媽媽的最佳提醒)。

仔仔：媽媽，我很喜歡你呀。

媽媽：那麼仔仔帶部電話，有什麼事就打電話回家好嗎？

仔仔：我覺得不太需要了。(心感詫異得很)

媽媽：你不會掛念媽媽，想聽下媽媽的聲音嗎？

仔仔：應該會掛的。只是我想試下十天沒有爸媽在身邊獨立生活的感受是怎樣的。（孩子的回答令我有點意想不到）

媽媽：但媽媽又想你可以用電話報平安呢。

仔仔：呀……阿E一定會帶電話並會打電話回家的，不如你打給E媽媽A姨姨吧，那麼你就會知道我們是否安好的。（孩子腦海原來已有清晰的解決方案）

媽媽：仔仔果然有辦法。（心雖不想，但我的口仍禁不住要欣賞孩子的計劃）

聽到孩子的話，心既安慰又不捨，他不知不覺又再大多了，想獨立的心原來比我們期望的還要強。我們縱有不願不想，為著孩子能健康正常地發展，還是要學習智慧地放手、放手、再放手。這樣他走前面的路才會走得更積極、更暢快，眼前的天空也會變得更明亮、更燦爛。

———

<< 停一停‧想一想 >>

你會和孩子談心嗎？你會聽孩子的話嗎？

16 奧地利之旅

　　仔仔十歲那年的五月，當知道有機會隨學校團去奧地利開始，他就已經朝思夢想，每一天和媽媽說話時都會加上一句「I want to go to Austria」。隨著日子臨近，那份期待感也變得愈來愈強烈。至於做媽媽的我，內心的忐忑不安感卻愈發加增。會安全嗎？會平安歸家嗎？腦海中有時甚至會浮現一些非理性的意念。哈哈，仔仔的爸爸，倒是來得輕鬆自在、放心放手得多。於他而言，這將會是孩子生命中很重要可貴並且愉快開心的學習體驗。丈夫這一份只有祝福鼓勵的正面思維，不但能撫慰我的不安，也叫第一次離開父母出門遠行的仔仔變得更勇敢、更積極、更獨立。

　　日思夜想，終於盼到了出發的日子。從收拾行李、到背起背包、拉著行李箱，我感覺到孩子能做的事愈來愈多。望著他與同學們吱吱喳喳的雀躍，還有是拿著登機証與大批同學老師入閘的背影，我的內心雖有萬般不捨，但能見證孩子成長的快慰感卻又來得那麼真實，且我也的而且確守住了「媽媽送機不哭」的承諾。比起個別「哭別孩子」的家長，感覺自己又「叻叻豬」了一些。

　　沒有仔仔在身邊的十天，日子過得比想像中快。除了忙上班外，能名正言順、聊無掛慮地和丈夫吃飯看戲，感覺是另一種悠閒自在。心想：隨著孩子的長大，夫妻倆倒要學習拍拖過日子，否則十年之後，孩子長大後所面對空巢期會特別難適應呢！

　　不知不覺，孩子回家了，彼此的心特別興奮。在枕頭語的時段，仔仔偷偷告知媽媽：他曾在第五天的晚上，想爸媽想到哭起來，後來還需要隨團老師的安撫才回復笑臉。

　　感謝老師的悉心照顧，感謝他們沒有叫孩子致電回家，因為我相信：孩子學習獨立的過程，總會有眼淚，家長不合時的介入有時或會愈幫愈忙。

———————

<< 停一停．想一想 >>

你會不捨得孩子長大嗎？
你會做些不必要的事來阻止孩子長大嗎？

17

識做家長

　　仔仔學校的親子旅行日，往往是我最期待的，不知是否已是五年級，仔仔不再像以往般雀躍興奮，反而是懷著一股平常心，平平淡淡地參與。就連去的地點亦弄錯，直至在去程的途上才又發覺目的地是元朗而非西貢。而我和丈夫嘛，一向主張孩子的事孩子理，那一天亦跟著孩子「烏啄啄」。

　　見到熟悉的同學仔，仔仔開始表現雀躍，重現一股小孩天真爛漫的氣息。頭一站，仔仔和同學踢足球，雖然這運動不是他的興趣和強項，但我還是很欣賞他能什麼也和同學玩一餐的特性。足球場上，一位 A 爸爸自告奮勇替同學做球証，同學們都很投入盡情地打比賽。當中，A 同學和 B 同學有爭執，B 同學的爸爸在場外大聲喝罵 A 同學，A 同學感覺委屈下開始情緒激動。球証 A 爸爸很有風度地沒和 B 爸爸吵，只是輕輕提醒自己的孩子要玩就要冷靜，A 同學很快收起眼淚繼續踢下去，此時仔仔輕輕地拍了 A 同學的膊頭以示鼓勵 —— 這一幕叫我深刻。我在想：A 爸爸和 B 爸爸是多麼的不同，他們的孩子從其身上會學到什麼？

　　場外來了幾個六年級學生，他們在抱怨：為何五年級同學打這麼久不把場交給他們。我聽到後，便鼓勵他們向球証 A 爸爸表達，而不是自己發牢騷。他們及後告知球証 A 爸爸其需求，球証 A 爸爸叫他們排隊，之後不消五分鐘便讓他們參與了。孩子的負面情緒有時容易在自己內心以至朋友圈中發酵發大，我們做大人的，可鼓勵他們以正面正確的方法去表達和爭取，因良好主動的溝通，才是解決問題的最好方法。

　　踢完足球，吃完午飯後是踏單車時間。路程中，有條很深很大的坑渠，孩子踏單車須特別小心。二十分鐘後，驚聞仔仔的同級同學 C 踩車跌進坑渠。及後他被救出時動彈不得。其爸爸一來到就一輪機關槍般開聲責備，在旁有家長即時提醒這爸孩子已經受傷，他需要的是救助和關心，而非嚴厲訓話。事後，我得知那孩子之所以有意外，是因為他路上見同學跌倒受傷，所以心急去求救而不經意地開了快車所致。這份幫助別人的心腸，實在應該值得爸媽去發掘、去欣賞。然有時做爸媽的，往往因為太著緊、太心急而錯怪了孩子。

　　聖經曾言：「快快地聽、慢慢地說、慢慢地動怒」或許就是這麼一回事。

────────

<< 停一停‧想一想 >>

當你孩子意外受傷時，你的反應是什麼？

18

從不願賣旗到開心賣旗

　　由仔仔讀一年級開始，我和他便以母子檔為學校的辦學團體賣旗，不知不覺來到五年級了。或許生活太忙碌，而人大了對賣旗已意興闌珊，仔仔賣旗前一晚已預告自己不太想參加，而我除努力做思想工作之餘，亦敦促仔仔九點半上床睡覺是也。

　　翌日八時鬧鐘響起，仔仔明顯賴床，敦促媽媽幫手請假，他想睡個夠。除了給予一份同感外，我還提醒承諾的重要性，並申明媽媽很想自己和孩子都是守諾的人，及後我再給他多睡半小時。之後再叫他時，他還是說想睡。我跟著鄭重告知他媽媽不開心，因為守諾特別請假陪他賣旗，卻原來不守諾的是仔仔。最後再給他十分鐘，若他不起床，那媽媽就會致電老師告知孩子想睡覺不賣旗了。那一刻，我心已做定「不去賣旗做家務」的心理準備。

　　豈料五分鐘後，仔仔幾經掙扎下起了床，我即時讚賞這戰勝睡魔的好孩子。兩母子匆匆吃過早餐，到校時已是九時四十五分。雖然是班上最後幾對取旗袋的親子，我的心還是蠻愉快的，畢竟遲到好過無到，孩子漸長，親子賣旗的日子已不多。

　　距離收旗袋的時間只有一小時，已有經驗的我們選擇了一處人流多的地方作最後衝刺。最初，仔仔表現斯文羞怯，我這媽媽唯有主動出擊，為孩子做個好榜樣。「先生／小姐早晨，可不可以買枝旗呀？」無論途人的反應如何，給予不給、給多給少，我都以最燦爛的笑容去祝福他們。一而再、再而三，仔仔也開始主動起來，五十分鐘過去，所有旗紙賣完。拿著那蠻有重量的旗袋，母子倆興奮不已。於是又有了以下對話：

媽媽：仔仔，今早起床真的很困難呀！後悔睡少了來賣旗嗎？

仔仔：沒有呀！（答案來得很堅定，臉上還有滿足的笑意）

媽媽：仔仔，媽媽實在很欣賞你能戰勝睡魔，為保良局做好事。畢竟這種集液成球的籌款，是不少慈善機構生存的方式。

仔仔：知道了……（孩子在外與媽說話總比在晚間枕頭語少很多）

媽媽：媽媽最享受與你一起賣旗，畢竟你再大一點，我們就沒這枝歌仔唱了。何況今次我們還是一起守了之前的承諾。

仔仔：知啦，阿媽。（孩子簡短而調皮的回應，我識做地收口是也）

　　雖然孩子並不打算再聽媽媽的教導，但其小手卻緊拖著媽媽，於是母子倆就熱切地討論吃東西的快樂事，還有那賣旗的眾生相。

<< 停一停 · 想一想 >>

> 如果見到孩子答應的事沒做、應負的責任沒負時，你會怎樣反應？

19 我家的堆填區

　　孩子逐漸長大，於是趁著家居大裝修，做媽媽的我就發揮小宇宙，盡用孩子房的空間，為他做了張舒適三尺床連長闊書桌，讓他能睡得香甜、學得起勁。

　　十歲仔仔對自己那比前寬闊的空間及藍白色的新房間喜歡到不得了。只是他與許多成長的少年一樣，不喜歡收拾東西，他的床常像狗窩般綿被枕頭衣服一團糟，書桌則像垃圾堆填區般佈滿雜物書本廁紙之類有用無用的東西。

　　大多數的時候，我們家都沒有人為他刻意清理執拾，然而他卻仍很自在地在那「狗窩」看書、在「堆填區」做功課查資料。偶而，我這做媽媽的，會忍無可忍，尤其是招呼人來我們家時、又或是想和他溫書準備考試時。

媽媽：仔仔，為什麼你的書桌總是那麼凌亂？(帶點埋怨，也帶點好奇)

仔仔：媽媽，你知不知道愛因斯坦的書桌也是這麼混亂的，他的實驗室也常亂糟糟的(想不到孩子會有這一條大道理)

媽媽：是嗎？你是怎知道的？(了解他的想法來源)

仔仔：我看過一本關於愛因斯坦的書。

媽媽：是嗎，那你也要像他那樣棒嗎？(故意以愛因斯坦的美好一面和他連結一起)

仔仔：是呀，所以我的書桌也會亂一些。(孩子的邏輯常常令人捧腹大笑)

媽媽：哈哈，這倒給你想到，但媽媽擔心你會找不到東西。

仔仔：很多時候，我都會找到想找的東西。你要找什麼，告訴我，
我幫你找！（很多孩子都是亂中有序）

媽媽：要溫書了，對著你那個「堆填區」，媽媽實在沒有心機和你
溫書呢！（分享感受是我最常用的招數）

仔仔：好好好，我執、我執。

　　口乖乖說執，但我發覺他最後只是執出了一個小角落，放要
溫的筆記和書。而大部分的桌面，卻還是像堆填區般的放滿了雜
物紙張。哈哈，沒好氣的我一笑置之，除此之外，我沒有再說什麼。

　　因為我知道孩子有他的空間，有一套處事的時序和分寸，或
許正如他所言，書桌的亂不代表他學習會亂。很多讀書人，學術
有成者也有張凌亂桌子，而他總會有執拾的時候，只是他的時候
未必是媽媽的時候。待我忍無可忍之時，我就會再提他一提，甚
至和他一起執拾一番。畢竟這是長命的功夫，無謂像許多親子般
為此大吵一場，磨蝕了彼此那份至親至珍貴的情誼。

<< 停一停‧想一想 >>

孩子的房間、書桌會有大人定期為他收拾嗎？
收拾時是和他一起做還是不經他同意之下執了就算？

20 出營後的枕頭語

　　早幾天，十一歲的仔仔和學校同級一百五十多人去了三日兩夜的麥理浩夫人渡假村。入營前，仔仔最初並不想帶那部小型古舊電話，然做媽媽的我告知他每晚一個電話報平安即可，仔仔及後還是免為其難地照著媽媽的吩咐做了。

　　報平安的電話，只是那麼一句起、兩句止。及後回到家，可能因為疲累吧，仔仔還是問一句答一句。還好，我早有心理準備，故會靜待晚上的枕頭話時才與他閒聊一番。果然那時的他，說的話是日間的百倍。

媽媽：仔仔，在營裏睡得好嗎？

仔仔：哇，同學吵到死，實在很難睡得著，我叫他們睡覺，他們就是不肯睡。

媽媽：難得入營，太興奮嘛！

仔仔：你知嗎？B同學是不飲水的，他的嘴唇竟然乾到裂，直至晚上，我們提醒他後他又突然把我們宿舍的水飲完，搞到我們無水飲。

媽媽：哈哈，平時是媽媽叫你飲水，今次你倒很乖，懂得叫同學飲水。否則他媽媽一定會很擔心他的。

仔仔：有一次提到他媽媽，他說很少見媽媽的，M同學笑問他是否每年清明節才見一次媽媽？他之後就追著M同學打呢。哈哈，笑死人呢！

媽媽：怪不得你說B同學容易情緒不穩，原來他很少見媽媽。那麼他也很需要身邊的人去愛他呢！

仔仔：他因為常常發脾氣，所以一些同學都不想和他一組，他就常常想和我一組。

媽媽：那你怎做呢？

仔仔：我有和他一組，但媽媽你知啦，很多人都想和我一組，我都想試下和不同的同學同組嘛。

媽媽：那也是……

仔仔：媽媽，你知道有些同學第一天已用所有錢來買雪糕汽水之類的零食吃，至第二天就沒有錢要問我借呢？

媽媽：是嗎，那你怎做？

仔仔：我當然不借了，因為他們這樣用錢是不對的，只是我也用了些錢來買薯片請同學吃，而自己就買了一杯雪糕吃，還剩十多元帶回家。

媽媽：仔仔做得對，不借錢給同學是不鼓勵同學先使未來錢，但是要和他們說清楚為什麼你不借錢給他們，另外買東西請同學食亦是分享的很好做法，到最後剩了些錢帶回家則代表你能知慳識儉。哈哈，我的孩子真乖乖。

仔仔：媽媽，我很喜歡你呀！

　　吱吱喳喳的枕頭話，不知不覺便已談了大半個小時，十一點了，媽媽我雖然覺得疲累，卻還是很喜歡及珍惜這些訴心事的甜蜜時刻。

———————

<< 停一停 · 想一想 >>

在與孩子談心時，是你引領孩子說他想說的話？
還是你主領孩子聽你說話？

21

做媽媽的無為和無知

　　著名哲學家柏拉圖指出：「人類大約有90%的潛力都沒有得到開發和利用，我們每個人都有巨大的潛能等待發掘。」另有美國知名學者奧圖博士亦說：「人腦好像一個沉睡的巨人，我們均只用了不到1%的力。」因此，我相信孩子的潛能無限，如一座有待開發的金礦。然這份潛能有時是在沒有大人的過份幫助下才可以慢慢引發出來，是故有時大人刻意地無為、無知、無力會成就了孩子的能幹、盡責和有為。我家的孩子，就是如斯地走過來的。

　　某天，接到學校班主任劉老師的電話，以下是我倆的對話：

老師：N媽咪，N告訴我他今星期六不能跟學校去看一場話劇，因撞了他的樂理考試。

媽媽：是嗎？我知道他星期六要考樂理，但幾點我就不清楚了，那一場話劇是什麼時候做的？

老師：今星期六下午兩點半。

媽媽：是嗎？我也沒有留意呢！那話劇在什麼地方看，他的樂理又是幾時以及在什麼地方考？

老師：他說他四點在觀塘考樂理，但看話劇則是兩點半在西灣河。

媽媽：噢，那真的趕不及了。可能他會感到有些可惜呢⋯⋯

老師：那他早前買了的票就不能退回錢了，我們會打算將票給另一位同學去⋯⋯

媽媽：那倒好，找到人去而不浪費那張票就好了，是我們不好意思，居然忘了。謝謝你！

　　放下了電話，心忽然有些奇怪的感覺。作為家長，我是否過於無知和無為，想想老師會覺得我是一個怎樣的家長，怎麼孩子的事全都不大知情。及後我又在自我安慰：或許就是因著我適時的無知、無為，甚至刻意在孩子面前表現出來的無力和無助，我的孩子才漸漸長成一個肯負責任、獨立自主、積極主動、凡事親力親為、懂得照顧自己也照顧媽媽的好孩子。

　　人說傻人有傻福，大智若愚，可能就是這個道理吧？

―――――――

<< 停一停・想一想 >>

在孩子面前，你會扮演怎樣的角色，
以引發他的潛能更好地展現呢？

22 不想完結的音樂劇

　　仔仔所念的小學每年學期尾都有兩場音樂會，讓學校的不同音樂團隊可以有表演發揮的機會。其中最為觸目的主打環節一定非壓軸的英語音樂劇莫屬。

　　在老師的帶領下，一群參與合唱團的同學們自復活假期開始便密鑼緊鼓地排練，每個人都分飾又唱又跳又做戲的不同角色。孩子們的忙碌指數爆燈，卻也毫無怨言，因他們知道能參與是一種難得的機會，集體演出的滿足感是一生裏美麗難忘的回憶。

　　今年演出的劇目是《灰姑娘》，六年級的仔仔竟意想不到地被老師選為男主角之一的王子。可想而知，角色重了、責任多了、緊張程度也更高。密密地在校練、在家練，真箇是比考試還勤力多倍。做媽爸的不能為他分擔什麼，只可為他榨些好果汁、煲個靚靚湯、煮點好菜式，為他加加油。

　　眨眼又到六月尾的音樂會，聽過多種不同的表演後，終於來到最吸引的音樂劇環節。一個小時的表演中，仔仔和同學們唱了多首英文歌、說了多句英文台詞、跳了多種不同的舞步。他們盡情盡力地將所學所練的發揮極至，全無冷場怯場之餘，也令台下的我們看得如痴如醉、拍案叫絕。

　　兩晚的表演好快過去了，我這「多事媽」及後問仔仔和一些參演的同學們，他們都不約而同地說很開心感動，捨不得離開、捨不得完結。相信他們捨不得的不一定是演出的鋒芒，也不一定是華麗特別的服飾，反而是一起努力、一起同行創建的奇跡。

　　感謝學校、感謝校長、感謝老師、感謝同學、感謝家長、家人親友們，並上帝的恩典。因為你們，我們做家長做孩子才有這難忘的一刻，我們的生命亦變得更美麗、更豐盛。

<<停一停‧想一想>>

你去看孩子表演時，你的反應通常是欣賞他們的努力過程還是批評他們的演出問題？

23

試後狂歡日

　　自小四開始，仔仔有個同學 I 的媽媽常會在考完試後的最後一天，招呼一些同學仔去他們家狂歡玩樂，實行「Work Hard, Play Hard」的小小大道理。於是，不經不覺之下，這亦成了一項令孩子們最期待的試後活動，同時也凝聚了一群同學仔。慢慢地他們由不太熟絡變熟絡，已熟絡的就更成了好友。雖然每一次仔仔因為要練合唱團，只可參與一半，但那份興奮快活感卻常令他回味無窮。

　　小六的最後一個考試日，仔仔不須要練歌，我亦可以取假，於是我們就決定做東道主，邀請八位同學來我們家進行「試後狂歡日」。由決定的那一刻開始，我都刻意鼓勵仔仔積極參與，因為家中沒有工人姐姐，故從擬定同學仔名單、食物、活動類別、事前的準備、善後工作等安排，母子倆都以一種有商有量、分工合作的方式去處理及完成。雖然感覺忙碌，但仔仔會更努力準備考試，因他對試後的特備節目充滿了期待。

　　終於來到考試的最後一天 ——「狂歡日」，我第一次以一對十，即一個大人看管照顧八個大男孩及兩個小妹妹。因事前和仔仔做足準備，並於活動開始前和孩子們有了溝通協議，之後我們就一起開懷地大食大喝兼大玩。期間沒有爭執、沒有吵架、沒有哭聲，只有快樂的大笑聲、叫囂聲、跑跳聲……我感受到無論大人和孩子，快樂指數都在體內直線上升。孩子們的合作，其家長們的信任放手，讓活動能順利成功地進行。最後，孩子們都很快樂，甚至捨不得離開。而我和仔仔嘛，雖然是有些疲累，但心卻也很滿足。

　　曾有研究指出，花錢花時間買經驗比買禮物，會更令人體味快樂的真滋味，而其快樂亦維持得更持久。這就是為什麼我在仔仔生日、大時大節、成績行為表現好時獎勵的往往不是很物質化或個人化的禮品，而是各種各樣與不同人同行、同跑、同吃、同喝、同玩的快樂體驗。

─────

<< 停一停．想一想

你們會有試後狂歡日嗎？這狂歡日的主打內容是玩和食還是數老師數同學甚至自己孩子的不是？

24 比賽的輸和贏

上星期，十一歲的仔仔有幸和好友 E 一起在老師的帶領下參加了校際音樂節的個人獨唱。那天我有工作在身，沒往現場觀賽支持。回到家中，兩母子有以下對話：

仔仔：媽媽，我今天的唱歌表現很差呀！

媽媽：真的嗎？是否太緊張了？

仔仔：也不是呀，只是因為沒有機會開聲。

媽媽：那老師怎說呢？

仔仔：MISS 也說我表現差呢！

媽媽：那最終得了多少分？

仔仔：84 分。

媽媽：吓，84 分是很高分了，那還算差嗎？

仔仔：我想是評判給多了分，因為很多都是 80 多分。

媽媽：那麼同場同學的水準也很厲害呀，同行同學 E 呢？

仔仔：E 唱得好多了，老師也讚他。他拿了 85 分。

媽媽：那很好啊。有贏名次嗎？

仔仔：唉，差少少，和季軍差一分，真可惜。

媽媽：哇，你們的比賽也爭持得很激烈呢。有名次果真不容易！媽媽很欣賞你們的努力，起碼我見到你們的練習可不少！自覺表現沒預期好，你會否不開心？

仔仔：都不會的。（明顯看得開）

媽媽：那很好啊，比賽有時在乎的不只結果，反而最重要是過程，能享受其中也很不錯呀。可惜今次媽媽有工作在身，不能到現場支持你。

仔仔：無所謂啦，有老師陪嘛。

過多了幾天，我們兩母子又有以下對話：

媽媽：仔仔，恭喜你們呀，聽說你們高級組合唱
　　　團在校際音樂節贏了冠軍！

仔仔：媽媽，你那麼快收到風。

媽媽：哈哈，D媽咪群組勁嘛。

仔仔：是呀，我們事前也猜不到。

媽媽：那你們的同學和老師會否很興奮呢？

仔仔：是呀，是超級興奮，我還帶頭哭呢，不少同學也感動到哭。

媽媽：哇，又是的，C學校年年都戰勝你們，今次能勝過她們，相
　　　信你們付出了不少努力，也難怪那麼興奮！那C學校是第二
　　　嗎？

仔仔：她們是第三，所以當她們知道名次時，表現得並不開心。

媽媽：那當然了，常常得第一的，不會滿足於第三的位置，其實第
　　　三也已很好。

仔仔：所以我覺得B學校都幾好，不會年年取第一，有時有獎、有
　　　時無獎，參與不會有那麼大壓力。今次我們取了第一後，我
　　　擔心大家都放鬆下來，下星期的中文歌唱比賽MISS會罵我
　　　們。

媽媽：是嗎？老師很盡力，你也提醒同學盡力而為就好，能否取第
　　　一也不是最重要，畢竟又很難次次都取第一吧。

仔仔：那也是……

　　現代的孩子常有幸參加很多比賽，除了可以琢磨技巧外，更
可磨練生命的態度和氣質。成好敗好，都是孩子寶貴的學習經歷。
做家長的，能陪他們傾談、聽他們分享，不批判、不主導，為他
們鼓掌、為他們加油，就已屬功德完滿了，其他嘛，做得太多，
只會過猶不及。

_____

<< 停一停・想一想 >>

在與孩子討論比賽時，
你的重點是放在結果還是他的體驗和學習呢？

25

電話與數據

這幾年隨著智能電話普及化，許多人都機不離手，孩子的電話問題更困擾著不少家長，如何去收放電話並維持良好關係實在是很不容易的事。

我的仔仔嘛，前兩年升上中一，我的好弟弟他的舅舅因應他的需要送了一部智能電話給他。那時我這個媽媽因擔心電話沉溺的問題，除了沒有為他準備有數據的網絡外，另亦告知他，那電話的擁有權是屬於家庭，他只有電話的使用權；同時不厭其煩地要求他作出口頭的承諾，包括每天用電話的時間、用途及不當時的懲罰措施。

一年、兩年過去了，仔仔也有機不離手的時候，有時用來查字典、查資料、覆 WhatsApp、看 Facebook 等，用途算是正正常常的沒有太多令媽媽擔心之處。即或有時過份了，亦會因著媽媽的提醒而作出調適，親子關係並沒有因著這部電話而被損害。

即將升上中三的前幾天，仔仔的電話開始出現問題而需要更換，他沒有要求買貴電話，反而乘勢要求數據網絡，最初我想一口拒絕，但及後仔仔很努力地對我說之予理。聆聽過後，又問過丈夫以及一些家長朋友意見，我開始認真思考：仔仔是一個怎樣的孩子？我又想培養一個怎樣的孩子？究竟是高度受制下的「乖巧仔」？還是逐漸放手後的「懂事仔」？想著想著，又加上了禱告，我終於選擇了後者。

　　只是，為免後患，我今次就加多一封手寫的「協議書」，當中就將媽媽對仔仔要求等相關事宜寫入「協議書」中，並重申彼此關係是重中之重。如是這般，盼望這少年孩子可以明白好媽媽背後的苦心，同時能繼續做個自律自制的好仔仔。

　　放手的過程，心總帶著許多掙扎，擔心孩子「易放難收」，正所謂「說時容易做時難」。然而，時候到了，總得要放，然而為著孩子好，我們卻要學習逐步地放、智慧地放。

―――――

<< 停一停‧想一想 >>

你在給予孩子電話及數據前，
會否做足用手提電話的「危」和「機」的教育工作？

26

孩子去窮遊（一）

現代的資訊實在太發達，尤其生活在超級繁忙都市的香港人，每天的訊息從四方八面湧來，逼著你去接收，有時想不回應，內心又會感到有點內疚；有時回應慢了一些，卻已有蘇州過後無艇搭的戚戚然。孩子這新一代，在此環境長大，眼睛離不開手機，而我們的家長嘛，就往往眼睛兩用，一隻眼盯著手機，另一隻眼則盯著孩子，要放手、要放心嘛，談何容易。

孩子去窮遊，聽說他們的動向會在面書平台發放，導師呼籲我們去回應，去支持。於是第一天的家長群組已有人問，為什麼未有什麼東西可看。哈哈，導師說得好，無消息即是好消息。第二天的家長群組，再有類似問題，導師的答案更妙，不會那麼早匯報，因為要少年人自己寫。啊，原來如此，我們這群家長，放手之後，就得要放心，放心去等待。等待需要學習，等待需要耐心，靜靜地，口不催、心不急。這是一種修為、也是一種鍛練。這種智慧，我們現代人最缺乏。

少年人的語言有時會缺乏，他們的文字往往也不多。尤其對著父母，更是無言無聲也無字，只有相，而相嘛，還是那些沒有自己沒有其他人又或是只有路人甲的風景相。當然不排除有些連相都無，只有一股網絡中的空氣，即是什麼也沒有。做父母的，只有望穿秋水．

第一天，有家長在 WhatsApp 群組中分享等待到什麼，十九個家長中，有五個分享了他們孩子的回覆：

A 少年：我已到了民宿

B 少女：在民宿

C 少年：Now 睡覺咋

D 少女：日出日落的相

E 少年一句錄音：平安到左

　　大家都在說笑，比較誰的字最多，誰的心最窩。.哈哈哈……
至於我的孩子嘛：hi i'm doing fine。言簡意賅，做媽媽的心放下
來了。

　　記得孩子小時候，常常都會打電話給媽媽，說很愛媽媽，要催
媽媽快快歸家。不知不覺，已是那些年了。風水輪流轉，現在輪到
我們等待孩子歸家了。這一刻，我想起年紀已老，等我歸家吃飯的
媽媽。於是隨即撥了個電話，那一邊廂，傳來的一份歡欣和期待，
清晰可聽，縈繞著我的耳際，久久不去。

―――――――

<< 停一停・想一想 >>

當學習對孩子放手的同時，可會對自己父母有多點的掛心？

27 孩子去窮遊（二）

仔仔十五歲了，今天起程跟著教會的導師去窮遊，同行是十九個不同年紀的少年人。聽說這個旅程，沒有太多計劃的行程、沒有太多資金的提供、更沒有太多物質的享受。他們有的是闖盪江湖的時間、尋找目標理想的空間、交流分享說笑訴苦的天地；靠的是從上而來的帶領、從左到右的扶持提醒，還有一些未知從何而來的協助安排，為要探索體驗上帝的神奇、生活以至生命的真諦。

很多學生聽說去窮遊，已撒手擰頭快速 Say No，很多家長也不太捨得送孩子去捱苦冒險。我的仔仔嘛，還是挺勇敢接受挑戰的，反而我這個媽嘛，口裏雖是慫恿支持，但心裡還是戰戰兢兢。特別知道仔仔出發前一天才剛去完個聯校營，過了幾天日睡兩小時的日子，於是內心的害怕驚惶就油然而生；只是怕還怕，我還是要學習放手，放手讓上帝去帶領、去祝福，讓仔仔去體驗、去領受；深信這樣，他的步伐才會走得更穩妥踏實、眼光才會更遠大清晰、天空也會變得更廣闊明亮。

經過七天的台灣窮遊之旅，孩子終於回港了。這一晚，迎接他們不是在機場，而是在教會；不只是一張張充滿期待的臉，還有那滿桌豐盛的筵席，當中載著很多很多的愛。聽說你們走了很多路、搭了很多車。因資金有限，找住要很費時、找吃也要很費力，有時甚至要過著捱餓的日子。然而你們各人每天都各按其職，有人做組長、有人做副組長、有人做安全大使、有人做財政大臣、有人做文化部長……彼此雖有意見不同或脾氣不好時，但大家到頭來都會在互讓互諒下達成共識。在你們感到缺乏無助時，你們又會遇上一些

好人，不計付出、不問酬勞地幫助你們，當中有願免費請你們吃大餐的茶餐廳老闆，也有願降很多價來遷就你們的民宿老闆娘……他們都是些名不經傳的小人物，但你們卻在他們身上，深深地感受到從上而來的帶領、照顧和供應。

這種體驗、這種學習，真好。那是用錢也買不到的東西，但願你們的感恩，不只藏在內心的深處，還會化成一股股的清心暖流，灌溉大地、滋潤人心，如此這般，我們的世界亦會變得更好更美。

———————

<< 停一停‧想一想 >>

你會夠膽鼓勵孩子去參與捱苦之旅嗎？

28

放榜前給孩子的信

　　放榜前夕，孩子選擇與好同學好朋友一起過，雖然疫症當前，做媽媽的我總希望孩子留家抗疫，只是對著孩子，我還是選擇寬容一些。這一屆的中六同學，面對社會動盪不安，再加席捲全球的疫症肆虐；模擬試一完成，連對卷都未能回校對，last day 班相都未及影，就要困家抗疫溫書。等到四月準備開考起跑時，又說要延期，感覺還是七上八落，未知能否如期開考。終於等到開考了，還好疫症逐漸穩定，只是所有口試取消了。然而中六文憑試總算有驚無險地完成了。

　　來到考試後的輕鬆時刻，只是過了一個月，剛完畢業聚餐，卻又再遇疫症重臨，於是畢業禮沒有了，畢業旅行更加不消提了，如今放榜還不能回校放了。孩子成績能如預期嗎？還是會比預期好？比預期差？無論如何，都讓我們好好地給他們一個最大最深的擁抱，告訴他們：「孩子，你係得的……爸媽與家人們都很愛你。願天父上帝的祝福保守常與你同在！」

　　我這愛孩子的媽媽嘛，還給在外過夜的孩子，寫了一封長長的「愛」的信。這個將近十八歲的大男孩，看到媽媽 WhatsApp 給他的一大段長文後，傳來兩小段簡而清的文字：「Best mom ever」、「頒個獎俾你」。哈哈哈，我這易被討好的媽媽，即時帶笑入夢。

―――――――――

<< 停一停‧想一想 >>

如孩子放榜又或是派發期終成績前，
你會以什麼方式和態度去陪伴他、祝福他？

29 十八年後的憂慮和祝福

十八年前的某一天，
媽媽成為了你媽媽，
多了這麼一個很尊貴的身份，
然後，很盡心地嘗試做一個好媽。
很竭力地學習餵奶、掃風、換片、洗澡，
陪著你食、陪著你睡、陪著你玩、陪著你讀，
看你笑下、哭下、喊下，叫下，
聽你講下、唱下、彈下、跳下……
媽媽的生命變得豐盛了，
體貼人的心變得更強大了。
然後你忽地長大了。

從傻兮兮到精靈活潑，
再由精靈活潑到淡定有分寸，
彷彿這都是一下子的事兒。
媽媽在你的世界慢慢縮小了，
你對著媽媽的身影也漸行漸遠了。
媽媽知道：這是成長的必經之路，
看著你淡定有勁的背影，
媽媽知道要更努力地學習放手放心了。
某一天，你說要帶媽爸去食好野，
某一晚，你又說要邀請媽爸去看好戲，
哇，只要你願意陪伴的日子，
媽爸倆還是急不及待地應你的機。

然後，你又表示要展開翅膀看看外面的世界，
你會遇到一些什麼樣的人？
又會看到一個怎麼樣的世界？
你會碰到一堆什麼樣的困難？
又會否有足夠的信心去戰勝？

近日英國的疫情特別嚴重，
更令我心底裡與生俱來的「媽媽憂」直線上升。
是否可以強硬一點，
又或是軟硬兼施一些說服你留港讀書？
只是當我回到內心最深處，
我還是覺得不應讓自己的眼界限制了你的視野，
並選擇以從上而來的信心、盼望並最大的愛，
去學習放手、放手、再放手。

二十六日晚是孩子上機的日子，
二十四日晚卻仍未收到拿取學生護照的電郵通知，
二十五日一大清早，
我忽地有點感動，
請孩子在九點前去英國領事館查詢一下，
你稍稍細想，即趕去試試這個機會，
之後，驚喜若狂地來電告知媽媽得左。
真好，你居然第一時間致電分享你的喜悅，

原來媽媽的話一點也不廢。

這一晚，做完學校家長 ZOOM 活動，
我隨即飛奔陪伴你去機場，
來送機的還有你的十多二十個朋友仔。
看著你言笑晏晏地和好友寒喧交流，
我知道你真的長大了，
做媽媽真的可以放手了。
只是我仍會竭而不捨為最愛的你獻上禱告，
盼望你健康快樂地學有所長、學有所成，
日後再以愛以誠去祝福社會、服務人群。

―――――

<< 停一停・想一想 >>

隨著孩子的不斷成長，放手對你容易嗎？

30 媽媽這名字
是多麼美麗和強壯

　　從你亮麗的容貌，無法想像你原來是三子之母，最大的已經大專畢業，而最小的也已中四了。更沒想到的是，你十多年前因丈夫另結新歡而成了單親媽媽，為了好好陪伴孩子去成長，你放棄了室內設計師的高薪厚職，寧願領取綜援忍受別人的眼光，很努力很艱辛地過著每一天。

　　可以想像，那些日子是多麼的難捱難過呢！若然你變得負面怨憤也是很理所當然吧?!只是奇怪的是，在你的面上，彷彿塗上了一層厚厚愛的底霜；在你身上，彷彿噴了濃得化不開的香氣。無論是對你的孩子們，是前夫、甚至是他的太太家人們，又或是教會的弟兄姊妹、你的鄰居等，你總是帶著盈盈的笑意，說著許許多多寬厚仁愛的祝福話。

　　你完全不像坊間的顧問，因你很少努力推銷你代理的產品。你卻更像跌落凡間的天使，因你內裏那份愛總是那麼多，一份從上而來、只有祝福、沒有咒咀、永不止息的愛。

　　很開心聽到你說：這份愛獲得了階段式的回報。你的孩子都乖巧生性，且疼愛爸媽。二仔甚至為照顧長居內地的爸爸而停學一年，之後回港另覓蹊徑再讀書，竟然在專業教育學院取到超級優異成績，然後拿著行政長官獎學金遠赴英國留學讀建築……你這個媽媽天使般的同行，靠著那從上而來的信心，不但撫平了孩子的傷口、塑造了他們的美好人格、鋪展了他們的光輝前景、更醫治了幾家人的關係、祝福了身邊認識你們的人。

聽著你和兒子的分享，我這社工仔的腦海中，浮起這麼一句話：媽媽，你的名字是多麼美麗和強壯！

<< 停一停・想一想 >>

你覺得在孩子眼中，你會是一個什麼樣的家長？

第二章

以望為本的溝通

很多孩子自出生以來，對這世界以至身邊的人、身邊的事往往充滿著好奇，而這份好奇的心，也慢慢帶領他走出自己的世界，認識家庭以至學校甚至社會的許多人和事。做家長的我們，有時會怕孩子有危險、怕孩子受傷、怕孩子會有病痛、怕孩子會遇到不必要的麻煩等，以致會不自覺地不斷提醒孩子要小心許多不好事。這種提醒有時過份到一個程度，會令孩子害怕受傷，於是慢慢變得過份保護自己、害怕挑戰，同時拒絕接受挑戰、害怕失望，致不敢再懷希望。

然而，在陪伴孩子成長的過程中，我常常提醒自己：在和孩子的溝通裡，不要讓自己的經驗限制了孩子的視野、不要讓自己的恐懼破滅了孩子的夢想，即或孩子的夢想在某個時候看來有點不切實際。然這些小小的夢想，就是燃點著他內心那份對未來的希望之光，牽引著他走一條更康莊光明的大道。未知以下這首歌的歌詞家長們會否認同？

I have a dream, a song to sing	我有一個夢想，有一首歌要唱
To help me cope with anything	幫助我去應對一切
If you see the wonder of a fairy tale	如果你看到童話中的奇蹟
You can take the future even if you fail	即使你失敗你也可以掌握未來
I believe in angels	我相信有天使存在
Something good in everything I see	我看見一些美好的東西
I believe in angels	我相信有天使存在
When I know the time is right for me	當我知道時間剛剛好
I'll cross the stream	我就會穿越溪流
I have a dream	我有一個夢想
I have a dream, a fantasy	我有一個夢想，一個幻想
To help me through reality	去幫助我熬過現實
And my destination makes it worth the while	我的目標讓那夢想有了價值
Pushing through the darkness still another mile	度過黑暗還有一英里路
I believe in angels	我相信有天使存在
Something good in everything I see	我看見一些美好的東西
I believe in angels	我相信有天使存在
When I know the time is right for me	當我知道時間剛剛好
I'll cross the stream	我就會穿越溪流
I have a dream	我有一個夢想
I have a dream, a song to sing	我有一個夢想，有一首歌要唱
To help me cope with anything	以幫助我去應對一切
If you see the wonder of a fairy tale	如果你看到童話中的奇蹟
You can take the future even if you fail	即使你失敗你也可以掌握未來
I believe in angels	我相信有天使存在
Something good in everything I see	我看見一些美好的東西
I believe in angels	我相信有天使存在
When I know the time is right for me	當我知道時間剛剛好
I'll cross the stream	我就會穿越溪流
I have a dream	我有一個夢想
I'll cross the stream	我就會穿越溪流
I have a dream	我有一個夢想

1 總有艷陽天

　　已經很久沒有追看電視劇，最近和仔仔跟著我那超級電視迷媽媽看劇集《總有艷陽天》。當中講述一位媽媽在丈夫早逝後含辛茹苦地養育六名年紀由嬰孩至青年不等孩子的生活歷程。劇中雖反映了生命的苦澀難捱、人性的反叛黑暗，但同時孩子的天真孝順、生命的頑強堅毅卻叫成長的天空變得遼闊和亮麗。

　　最近一集，講及劇中媽媽因受不住可畏人言而想吃洗衣粉自殺，後來孩子的哭聲及孩子婆婆的突然來訪截斷了她的死亡之路。那婆婆以自身故事啟導了陷在情緒低谷的女兒，告訴她自有了孩子後媽媽的生命已不純然屬於自己，而其中一半乃屬於孩子，因孩子的現在將來乃繫於媽媽的生命。何況天空不會永遠灰暗，日後必有艷陽高掛時。這年輕媽媽在其年老媽媽的愛心鼓勵及溫情擁抱下，心情變得豁然開朗。

　　因片集提及自殺，我就乘機和仔仔談一下：

媽媽：仔仔，你知不知道自殺是什麼？

仔仔：自殺即是殺死自己囉！（孩子已有一定的認知力）

媽媽：那自殺對不對呀？（認識是非黑白對孩子極其重要）

仔仔：當然不對啦，因為仔女無媽咪會好慘好不開心的。（真好，孩子的是非觀原來源自他的同感心）

媽媽：如果仔女自殺又怎樣？（故意將心比己）

仔仔：那 Daddy 媽咪會很不開心，天父會不喜歡的。（原來除了爸媽，天父在孩子心中亦有一定地位）

媽媽：仔仔，那不開心時可以怎麼辦？（嘗試探討孩子的逆境處理方法）

仔仔：做一些開心事囉！（孩子的思考果真正面）

媽媽：還有呢？（好的方法不止一個）

仔仔：講給信任的人聽囉！（是電視廣告的威力還是老師的功勞？）

媽媽：即是誰呀？（故弄玄虛乃想了解孩子更多）

仔仔：即是你囉，還有家人囉！（日子有功，關係有價）

媽媽：還有天父呢！（天父無處不在，其安慰可以隨時隨地）

　　和一個六歲孩子談自殺或許是早了點，但既然看劇看到，我就不避嫌了。畢竟人生歷程，心情會因其間的衝擊而有起落高低。作為家長除了盡力護佑孩子外，更須為其心靈製造一套好使好用的護身符，讓他在需要時懂得自我解困。

―――――
<< 停一停・想一想 >>

你會夠膽和孩子談自殺嗎？又會如何談？

② 驚心動魄的一剎那

這個星期我感冒了，六歲的仔仔和七歲的侄兒ㄚ因知道教會星期天會去大美篤踏單車，於是在星期六晚，已急不及待地追問我的健康狀況，因自覺未完全復原，我不敢答應，只道明天看情況再算。

星期天一早回教會敬拜彈琴，感覺狀態好多了。收到ㄚ的電話，他聽到我狀態明顯好轉，就急不及待地告知：他竭力向天父禱告，希望細姑姑身體好轉以能帶他們去踩單車。果然天父應允了他的禱告，感謝天父！如是這般，雖然那一邊廂的我還有少許不太情願，但卻沒有推辭，因我知道：能陪著孩子去遊玩，令他們快樂，是我的福份。

一眾大人小孩共三十多人一起浩浩蕩蕩地去大美篤，那裡的水壩景色優美怡人，藍的天、白的雲、青的山、綠的水。我想起聖經：我觀看你指頭所造的天，並你所陳設的月亮星宿，便說人算什麼，你竟顧念他？世人算什麼，你竟眷顧他……

因踏單車是主打玩意。租完單車，兩孩子興奮不已。我就踏著車跟著他們，感覺輕鬆愉快。心想：如果沒有孩子的鼓動，我真沒這般閒情逸緻去接觸大自然，感受其帶給我的活力與重生。

回程中，要經過一條很彎的斜坡，我提醒孩子只可推車，不可踏車，ㄚ卻很有主見地表示，他想踩下去。因心覺ㄚ的運動細胞不錯，同時低估了斜坡的危險性，我竟唯唯諾諾地答應了他，只叮囑他要揸手制，不要踩腳踏。話音還未落地，他已急不及待地揚長而去。未料剛學會踩單車的仔仔未待媽媽我首肯已緊追其後，因來不及阻止，我隨即追住。

去到斜坡位，我已心知不妙，原來真的很斜，當看到仔仔那快似疾風，驚叫失控的背影時，我的心幾乎跳了出來。那一刻，一份驚懼無助感，濃濃地罩著我，把我壓到透不過氣來，我是多麼害怕失去寶貝的孩子，冷風中，我唯有急速地呼求天父去救他。

禱告剛完，隨即聽到仔仔的慘哭聲，原來他撞到一位大姐姐而跌了下來，還好那姐姐沒有受傷。仔仔哭得厲害，因他的手腳擦損了，頭仔沒大礙，整體比我擔心的好多些。環抱著他，我內疚之餘，卻亦感恩得很。因我深信：在千鈞一髮的當兒，是天父的恩手保護了我深愛的他。

———————

<< 停一停 · 想一想 >>

在孩子的成長中遇到危機時，你會懂得為他禱告嗎？

3

書中自有黃金屋

自小與仔仔的相處中，一起看書幾乎是我們每晚生活的指定動作。只要不是太忙太睏，我都會堅持這好習慣，因期間總會有許多驚喜難忘的新發現。

前一陣子，與孩子看一本英文書《Merry Christmas》，書中的老鼠仔對不同人都送了不同的聖誕禮物。而每次送禮前，牠都會說：「Here's a gift for you。Guess what is it?」某一晚，看完此書後，仔仔忽地遞給我一個小盒子，並說了同樣的話：「Here's a gift for you。Guess what is it?」，我以為那盒子還放著原有的手鍊，打開盒子後發現，原來那裏藏著的是仔仔細心剪出來 39 個大小不一的「心」，其中一個大的「心」還寫上「I love you。You love me」。那一刻，實在為孩子隨心而行的「愛」感動，隨即擁著他不厭其煩地說：「Son，Mom loves you very much too!」

另有一晚，和仔仔看一本中文書──《找爸爸》，故事講到主角大頭兒子因爸爸沒錢買他想要的玩具而遷怒於爸爸，及後還走去鄰家認了另一個小朋友大耳朵的爸爸做爸爸。之後，大耳朵爸爸的確買了新玩具給他，只是這個爸卻不像他爸會陪孩子玩耍。那一刻，大頭兒子才想起自己的爸。回到家中，發現他爸正用自己的方法做了他喜愛的玩具。

我趁機問仔仔：「你喜歡哪一個爸？」還以為他會答大頭兒子爸，卻想不到他的答案竟是：「我愛我爸爸」再逗他說：「哪一個爸爸呀？」仔仔爽脆地再回應：「不就是我 Daddy 嗎？」說時的態度是那麼理所當然、堅定不移。我於是將此說給他爸聽，這大爸即時樂到開花，並趁機把多個濕吻送給小小的他。

還有一晚，跟仔仔看另一故事書——《媽媽的生日卡片》，書中女孩因找不到硬卡紙就把多張白紙貼在一起，並在其上畫寫生日祝福送給媽媽。過了幾天，我放工剛入門就接到仔仔送來的驚喜，那正是由三張白紙貼著製成的聖誕卡，疲乏的我隨即甜到入心入肺。

孩子的真善美，往往因書本的啟迪而愈發加增；而自己的心，亦容易因書本而變得青春煥發。古語有謂：書中自有黃金屋，書中自有顏如玉。我就加多一句書中更有甜心批。雖然不少人都認同看書能使人發現實藏，但又有多少人能在超級發達的網絡世界及繁忙生活中，拾起一本喜愛的書細嘗當中的甜味？

———————

<< 停一停．想一想 >>

你會定時定候與孩子看實體書嗎？

學校半日遊

4

為了滿足小一家長的好奇心及加深他們對學校教學的了解，仔仔學校為家長安排了一個學校半日遊活動 —— 親身去體驗孩子上課樂。

某周四早上，偌大的禮堂裏，學生分五班五個角落坐在地上，而眾多的家長們就被安排坐在學生另一旁的座椅上。這堂是英文課，老師以互動有趣的方式去引導同學認識人外貌上的不同特徵。很多同學都踴躍舉手發言。在場所見，活潑生動的互動教學不只是樂趣無窮，更叫孩子變得更主動、更自信。相比其他同學，仔仔算是較為慢熱的一個。

及後，各個同學須分組描畫老師口中的大賊，老師希望每同學都輪流繪畫她所提及的人像特徵。仔仔是其中的一名小組長，他自己畫完後，因緊張同學畫成怎樣，故當同學聽錯老師所說而畫錯時，他就會過於心急地作出指責，同時又不自覺地搶了人家的機會，直到有人反映時，他才又醒覺地把機會還給別人。那一刻的我，開始擔心孩子與同學的關係如何。

之後，回到班房是午飯時間，家長可以入課室與孩子直接接觸。有家長陪同，孩子們似乎特別雀躍，吃飯也顯得特別快。我悄悄地在仔仔耳邊問他剛才上課為何對同學那麼惡，仔仔似乎知道自己的不是，輕輕說「我知了」而望盡快結束這類對話。為免令他尷尬，我也適當地收口是也。再問他仔仔同組的同學，他們都表示很喜歡上學，亦很喜歡所屬的第五組，還指示給我聽他們拿了多少個「剔」。驟眼看來，個別曾被仔仔搶機會的同學並沒有遷怒仔仔，真好，小孩都不記愁，這又減去了我心中不必要的疑慮。

　　回到家中，把觀課過程與丈夫及媽媽分享，其中當然是講好又講壞。仔仔深怕媽媽揭其瘡疤，即時表現不悅，示意媽媽停口不說。因知道接受不了批評是仔仔性格上的一大盲點，故為了培養他對此的承受能力，我便不刻意遷就他，反而告訴他爸爸婆婆都是摯親，媽媽有需要與他們分享他的學校事，何況無論大人小孩都有優點也有缺點，有做對也有做錯之時，即或錯只要恰當作出檢討改善已行。當然我亦不忘讚賞他的好表現。

───────

<< 停一停‧想一想 >>

你會把握參與孩子的學校活動嗎？
又會如何處理你的「新發現」？

5 媽媽服務券

　　星期日是復活節，我們一家三口帶著未信主的奶奶回了教會崇拜復活主，之後便一起去墓地探望回了天家的老爺。然後再約久違的舅母家人喝茶，期間談及大家的生活，原來我們在這許多個沒有見面的日子裏，都各自經歷了上頭豐富的恩典。晚上我們還去文娛中心看《信結奇緣》。哇！八十分鐘的劇目，主角一人分飾多角，想像力及創作力豐富，過程惹笑幽默無比、叫人拍案叫絕。心驚嘆這世界真有很多高人異士，為我們的世界帶來歡樂。

　　回到家中，已是十時多，仔仔似乎精力無限，他知道他爸爸進了書房嘆世界，於是便纏著媽媽玩「大富翁」。他生怕媽媽以累為藉口不和他玩，於是就忽地提醒媽媽今天是世界兒童節。學著媽媽在母親節說母親大晒時的口吻，他也高呼兒童節是他做皇帝的日子。另又提議媽媽也要像他上年一樣，做些「媽媽服務券」，以便他可以自由地指令媽媽做事。哇……想不到我這七歲的孩子也真會想，為了了解他腦袋還裝著些什麼，兩母子躺在床上自由自在地吱喳一番：

媽媽：那你會想媽媽做張什麼的服務券呢？

仔仔：陪我睡覺券啦、陪我玩券啦！

媽媽：還有呢？

仔仔：幫我摺衫券啦。（因摺衫是仔仔協助做的家務）

媽媽：仔仔有時都忘了摺衫，而要媽媽幫呀。

仔仔：嘻嘻……. 唔記得左添（抓著頭仔，得得意意的口吻）

媽媽：還有沒有呢？

仔仔：不要練琴券啦……，好啦，差不多啦，就這樣吧。

　　我這孩子的腦袋一點也不複雜呀！他所要的，都是不花分毫的東西呢。好啦，兒童節，就答應你啦。孩子和媽媽嘛，總得要常常你討好一下我，我討好一下你。這樣關係才會甜甜蜜蜜一輩子。

　　備註：上年五月母親節時，仔仔不單送了精心炮製的母親節卡，還附上了幾張服務券，當中有練琴券、家務券、按摩券，哈哈，知母莫若子，甜心窩心貼心至此，怎不叫人感動流涕呢！

———

<< 停一停・想一想 >>

你會和孩子傾談嗎？內容主要是什麼？

⑥ 為什麼他們不來陪我玩

　　悠長的假期，是孩子們的悠閒天。作為父母，總想和孩子到處走走，離開一下自己的居所、所屬的地域，看看自己世界以外的另一片天空、感受一下生活的另一種人情、另一種況味。

　　孩子七歲的暑假，我們一家三口去了屯門黃金海岸酒店度假，曾經以為可以約到小表哥丫，又或者是好友M，然而到最後一刻，他們都因著不同理由爽約。仔仔知道後哭了，興奮的心情亦變得低落。媽媽我隨即為他做思想工作：

仔仔：媽媽，我真的很想他們都來，為什麼丫哥哥不能來呀？

媽媽：知道嗎？丫哥哥也有爸媽，他不在家過夜，舅舅舅母都會掛念他。因此說來過夜又不來也是正常事，如果換轉是你，你也會掛念爸媽吧！（引導孩子學習將心比己的體諒是我所重視的）

仔仔：那麼M哥哥，他明明說來卻又怎麼不來呀？（孩子很看重人的諾言）

媽媽：昨晚是他太婆生日，而今天則是他細姨生日，原初他也很想和你一起玩，只是因為要陪他們過生日不能來！（讓孩子對人的處境有多一點明白和體恤）

仔仔：怎麼那麼多生日的呢？媽媽，我真的很悶啊，我很想有人和我玩啊！你不如生個妹妹或者弟弟吧！（這實在是很多沒有兄弟姊妹孩子的所想所求）

媽媽：媽媽知道你很想有人陪，只是你有爸媽陪已經比很多孩子幸福，像你的舊同學S，他整個暑假不是只有婆婆陪他待在家

嗎？而你這個暑假，有大部分的日子也是很充實的。其實有無兄弟姊妹，人總有些時候要學習自己好好過日子呢。（先是同感，再帶領孩子著眼於自己的擁有而非沒有，從而學習正面思想去解決問題）

仔仔：（仔仔無可奈何地點頭，情緒看似好了些）

媽媽：不如我們看看今天有什麼節目啦，哇！原來今天有自助早餐吃，太好了！（適當的轉移可將孩子從負面的思緒中抽離）

　　吃完早餐再去沙灘玩，孩子已回復他的活潑開朗。因此適時的開解能解開孩子心結、增強其情緒智商，令其易於應對不如意的轉變。

————

<< 停一停・想一想 >>

孩子遇有不快情緒，你會如何反應？

⑦ 一星期一次的生日會？

　　仔仔的生日是在暑假的某天，在八歲生日的前五個月開始，仔仔便在我耳邊不斷地依依哦哦說要邀請同學來我們家開生日會。不是吧？同學的家長我不太熟、要大開中門招呼人恐怕要有許多事情要處理。只是我的孩子實在太渴望與同學在家無拘無束地玩個飽，而他也擁有一份為生日願望「鍥而不捨」的情懷，於是就天天發揮推銷員本色，提完又提、講完又講，總之就是要我這媽頑石點頭。

　　最初的我，一口拒絕；及後聽他天天煩音，心就採拖字訣，說要看他的整體表現。哈哈，我還以為這個玄之又玄並帶點空中樓閣的目標會把他嚇退。怎料，這孩子也真有他的能耐。總之，但凡媽媽說笑提及「八月」「生日」什麼之類的字句，仔仔就會彷如被叮一叮地說要乖，總之就是要錫晒媽媽、聽晒媽媽話⋯⋯. 哇哇，從未「拿著雞毛當令箭」的我，心常不自覺地為他的可愛行徑偷偷發笑。

　　到了六月，與丈夫商量過後，雖然我們家要執拾的東西很多、雖然預知要忙一大輪、雖然開放家給同學仔及家長有點不習慣、雖然不好意思麻煩了人家，只是一想到仔仔那份非凡毅力，想到孩子們能快快樂樂地「玩個飽」、無憂無慮地「吃餐勁」，我這個媽終究還是頑石點頭。鐵柱磨成針不就是這麼一回事嗎？

　　日盼夜望，所定之日終於來到。當日仔仔去完教會、學完琴、睡個短睡，在爸媽的全力支持配合下，他變成了個熱情得體的小主人，忙碌地招呼六個小男孩及其家人。玩桌球、羽毛球、乒乓球、

爆旋陀螺啦，吃薄餅、意粉、雞翼、腸仔、蛋糕、雪糕啦⋯⋯吱吱喳喳、嘻嘻哈哈中，我知道孩子們都很快樂，而我們這等愛子父母就更快樂。

那一晚，仔仔與媽媽說笑：如果每星期開一次生日會就好了。哇！那不是要一年大五十二歲嗎？不不不⋯⋯八歲的你，由一個肥嘟嘟的光頭小粉團長成一個高瘦瘦的黑髮小朋友，媽媽還覺時間過得太快呢。在媽媽心中，就有這麼一個簡單的願望：看著你健康康、開開心心地逐年長大，不要太快、不要太慢，好讓媽媽享受每一個過程、體味每一種經驗，相信這獨有的幸福感，會伴著媽媽度過工作以致生活上的種種困難和險阻。

————

<< 停一停．想一想 >>

孩子會開生日會嗎？他須要為此而努力什麼嗎？

8 沒有胃口 及很有胃口的孩子

　　隨著孩子發育成長，做家長時不時會擔心孩子吃太多或吃太少，而我家的孩子和爸媽吃東西時，曾有過以下情境，如果是你，會如何反應？

　　情境一：沒有胃口的孩子

　　上星期天，仔仔和爸媽去家附近的一間西餐廳吃晚餐，仔仔還是很鍾情於他的至愛並逢去必叫的茄汁腸仔肉醬意粉。一個大大碟的份量，大人吃或許都會嫌多，但我這個八歲孩子就滿有信心地要獨吃一碟，完全無須媽媽的分擔和分享。

　　轉眼間，傾傾講講之下，仔仔已吃完了九成半的食物，然後左手摸著自己的小肚子，右手抓著小腦袋疑惑地對著媽媽感嘆說：「媽媽，不知為什麼，我今晚好似沒有什麼胃口？」「吓……」看著那個大碟子所剩下的是少許伴菜及幾條短得不能再短的意粉，我這個媽媽初則目瞪口呆，繼而哈哈哈地大笑一番……

　　是什麼時候開始，我的孩子變得那麼珍惜食物？

　　情境二：很有胃口的孩子

　　中秋節翌日，仔仔和爸媽到九龍寨城公園踏完單車後，就到附近的一間日本餐廳吃料理。或許是剛做完運動消耗了大量體力，仔仔一坐下已叫肚子餓。於是在一個小時內，吃了一件花之卷、三件三文魚壽司、一件八爪魚壽司、一件加州反卷、三分之二的迷你三文魚飯丼、三分之一條秋刀魚、一條半粟米、一隻雞翼……他爸爸見仔仔如此開胃，或許想起自己由三十歲前的瘦模樣，慢慢變成現

在這個挺著大肚子過日子的中胖子，因而深怕自己深愛的兒子會習慣吃得過多而吃大個胃變得一發不可收拾，由是語重心長地對著那個正在發育且仍十分纖瘦的孩子說：「仔仔，你已經吃了很多東西，應該夠了。你有無聽過吃東西要吃七八成飽⋯⋯」「吓⋯⋯」一句肥爸爸常常用來提醒自己的話，這次居然用來提醒自己那剛滿八歲並正在發育的瘦兒子，我這做媽媽的初則目瞪口呆，繼而再次哈哈哈地大笑一番⋯⋯

是什麼時候開始，我的丈夫對吃東西會那麼節制？

———

<< 停一停・想一想 >>

你會花時間和孩子用餐嗎？

9

孩子逼媽媽跟他學畫

最近一年，七歲的仔仔自從跟了樓下一間畫室學畫以來，便常常告訴媽媽他很喜歡畫畫，而逢星期一晚上的學畫時間更會表現得極其雀躍興奮。看著他的畫作，實在進步不少，色彩繽紛得來又得意可愛，做媽媽的我亦禁不住「心心眼」。仔仔亦很喜歡向家人展示自己的學習成果，又愛把部分畫作貼在床邊，而老師近日給他第一次的貼堂機會更令他感到份外的滿足和成功感。

這一天，他見我這媽有時間，就捉著我的手，硬要我跟他學畫畫。或許因為對畫畫的興趣不太大，又或許當時亦有忙著的事宜，我斷然地拒絕了他的要求。沒想到他這次倒是十分堅持，苦苦哀求之時，甚至眼淚滿瀉地彷彿飽受了什麼巨大委屈和辛酸。

看著他那哭喪的臉，我雖然心生憐憫，但卻不想即時刻意遷就。心總覺：孩子要長大，不是每人都能討好他，他得要明白即或摯親亦有不同的喜好，又或忙著的東西。他要學習尊重各人的選擇，並輕鬆地面對他人的拒絕，這亦是對他逆境智商的訓練。

那一刻，和平時不一樣，我沒有什麼耐性對他表達同感，反而和他說說媽媽之所以不想跟他學畫的大道理。仔仔聽完後仍舊聲淚俱下地堅持不休。此時，我選擇了不再糾纏而入房看書，並示意剛從外回來的丈夫去處理孩子那失控的情緒。不消一會兒，仔仔的哭聲停止了，笑臉再度重現，我知道丈夫擁抱聆聽後願意跟他學畫，因在他心底裡他愛見到孩子笑不愛見到孩子哭。

雖然我有時不太認同丈夫討好孩子的做法，但又明白仔仔面對這刻沒有太多耐性的媽媽，實在需要一個適當的下台階。在如斯的情境下，丈夫順意的懷抱及行動倒算來得及時及適切。

────────

<< 停一停・想一想 >>

當孩子哭著要求一樣事情時，你會如何處理？
家中的大人又如何互相配合？

10

我要辭職

　　某星期四晚，九歲的仔仔在樓下學畫回到家已是九時。今天的他似義憤填膺，我這媽亦義不容辭地成為他的傾訴對象。

仔仔：我要辭職！(語帶凝重)

媽媽：吓……什麼？(心感事態嚴重，我即時豎起耳朵專心聆聽)

仔仔：媽媽，我要辭職，不想再做圖書管理員了。每次都是執書，
　　　執來執去也執不完。

媽媽：是嗎？那麼慘！那其他同學怎麼樣？他們也和你一樣感受
　　　嗎？(同感再加上從另一角度了解是引導孩子分享的不二之
　　　法)

仔仔：嘻，那些女仔常常只愛說話、不愛執書。

媽媽：你不是說同組有個男仔嗎？

仔仔：他呀，常常不來當值。(沒有同伴，怪不得孩子變得灰心喪志)

媽媽：那你很有責任感呀，雖然不喜歡執書，但你還是堅持去當值。
　　　(由衷地欣賞孩子的責任感)你可否和老師要求調配工作？

仔仔：不會了，我們是 Team B，無人喜歡做 Team B 的工作。

媽媽：那 Team A 的工作是什麼？

仔仔：蓋印、Do 卡。(這是孩子夢寐以求的職事)

媽媽：你可否告訴老師你們 Team B 的感受，看看她會否定期對調
　　　工作。這對兩組都是好事呢！(鼓勵孩子分享比投訴更能打
　　　動人心)

仔仔：我寧願辭職不做。（退縮有時的確比面對容易）

媽媽：你們做這份職事不是要做一年的嗎？當初還是面試合格才有
　　　資格做的！（讓孩子明白這工作是一份榮耀，也是一份委身）

仔仔：那又是！好啦好啦，那就捱埋這幾個月吧！（好一副大人口吻，
　　　孩子開始改變初衷）

媽媽：或者你試下和老師說，可能不用捱而是享受呢！（這是另一
　　　種正面思維的重塑）

仔仔：唉，我明天不去當值了。

媽媽：為什麼？

仔仔：我不夠膽和老師說啊！

媽媽：不如媽媽送你一個大的膽啦！（今趟不想再刻意教導，而是
　　　以手做了個大的膽子送給孩子）

　　　仔仔笑笑口地兩手一撥，但我知道他實質喜之。還以為仔仔
星期五會缺席當值，及後我才發覺那天是圖書館閉館日，學生不
用當值。另外，我又曾想過致電找老師談談，但念頭一閃即逝。
還是那一句：孩子的事孩子做。這樣，他才會有更多的自立、自強
和自信。

　　　星期六早上枕頭語時段，兩母子吱喳之際，我忽有感動用「世
上只有媽媽好」的調子，即場唱首自填新詞的「乖仔歌」，被環
抱的他笑到前仆後仰。有興趣你也可以參照下：

世上有個好乖仔

他的名字叫 XXX

住在 YYY

令到媽媽好開心

困難嘛，即或未能解決，但親子唱笑玩所製造的甜蜜片段，卻可令人的心變得輕省一些。

———————

<< 停一停・想一想 >>

當孩子分享他的困難時，你的反應會是什麼？

11 求求其其的
母親節禮物

　　每年的生日和母親節，我這媽總盼望收到仔仔親手製作的禮物。而今年的母親節，適逢暑期活動報名日，我早出晚歸做足十二小時。回到家中已是疲態盡露、無聲無氣。

　　八歲的仔仔沒見媽媽多個鐘，一見媽媽回家，就不理三七二十一要拖媽媽玩尋寶。為免媽媽罷玩，仔仔事先聲明難度不高，於是我也就唯有捨命陪愛兒是也。以下是我找到的提示：

　　1st：媽媽，去電視機前看東西

　　2nd：去冰箱那裡

　　3rd：去我的房門

　　4th：去 Daddy 書房的鐵箱

　　5th：媽，你睡房的 Computer 櫃便完成

　　哈哈，有了這些極度清楚明顯的貼士，令此項特別任務變得完全簡單非常容易難度近乎零，我這個智慧媽媽即或在十分疲倦超級辛勞的狀態下亦輕易完成。朋友們，你猜想一下這份驚喜的母親節禮物是什麼？登登登登⋯⋯登登登登⋯⋯

　　一個超級古怪企喱肉酸醜樣並用環保廢紙造成的紙盒，裏面裝了十五張小小紙仔，媽媽要花時間砌好它們。每張紙仔都畫有一個心型圖案，並寫了一個字，砌成了以下的句子：「I LOVE YOU MAMA 我愛你 PRETTY GIRL」。哈哈⋯⋯那一刻的心，或許實在太疲累了吧，只輕輕地笑了，沒有太大反應，及後還問仔仔，這

份禮物和媽媽生日所收的禮物好像差不多。仔仔鬼馬地說，今次多了尋寶遊戲……那時，沒有記下來的衝動及時間，倒是三個星期後，心卻仍蕩漾著一份久久都揮不去的甜蜜味。

仔仔的小六師姐曾告訴我以往她用心製作的禮物，媽媽隨手就放在垃圾箱，從而她知道媽媽是個實際的人。於是她今年用一百元紙幣摺個心心給媽媽，但媽媽卻沒怎樣欣賞此心思，很快將之拆了使用，令她感到很無癮。

孩子的每片心思，其實藏了很多甜味，這得需要大人以童心並時間才會細賞感受到。而現實的香港，卻有很多大人因忙碌、疲累甚或功利等因由，變得麻木，漸漸地孩子變得現實了，不願再花心思時間去為爸媽準備什麼，屆時做大人的又會抱怨孩子對爸媽沒心肝。

仔仔，感謝你為媽媽所花的每寸心意！一如以往，我會將之放在回憶的寶盒內，直至很多年後的某天，再拿出來讓親子倆細說緬懷一番。

―――――――

<< 停一停・想一想 >>

你對孩子送的東西，會珍之重之嗎？

12 換季

　　仔仔很喜歡穿夏季校服，貪其穿著容易、方便快捷得來又清爽輕省。至於我，就很喜歡看到他的冬季校服樣，或者內裏有份「打領帶＝好有型」的迷思。十一月，天氣開始轉涼，但學校通告要明年一月才全面換季。因此，九歲的仔仔就大條道理地每天以夏季校服亮相。而媽媽我因天氣仍未完全轉冷而奈他不何。

　　星期三晚，聽聞天氣將明顯轉涼至 17 度，於是臨睡前我把仔仔的冬季服熨好，並叮囑他明天要換季了。仔仔唯唯諾諾、不置可否。只是到了翌日清晨，他卻第一時間弄醒我和我講數。

仔仔：媽媽，可否不換季？(孩子覺得媽媽半夢半醒間最易被說服)

媽媽：今天多少度？(睡眼惺忪中我仍有一套底線)

仔仔：我不想換季。(孩子的要求非常清晰)

媽媽：媽媽覺得 18 度或以下就要換季，媽媽不想你病，你都知媽媽最近病了也很辛苦呢。(我不但要讓他知道媽媽的底線，也要讓他明白當中的後果和媽媽的感受)

仔仔：媽媽，可不可以不換季？(孩子對想做的事總是鍥而不捨)

媽媽：今天多少度？如果是 18 度或以下就要換季，因媽媽不想仔仔病呢，總之你病了媽媽會很不開心(我想傳達的不只是堅持，更重要是內裏的關愛)

仔仔：唉……

103

　　雖是怒氣沖沖，但仔仔及後還是換了季。那天是丈夫送他上學，從丈夫口中得知校車站的七個同學中只有仔仔和兩名小師妹穿冬季服。於是為平伏孩子內心的不憤，我就在家中的民主牆上，寫下以下的甜心話：

我親愛的好仔仔：

　　　媽媽知道今天要你換季實在是難為了你，但你知啦，媽媽總是很怕你病，病了不只辛苦，還什麼都做不了，你能每天平安健康開心地生活就是媽媽最大的盼望。故此你可以聽媽媽話去行而不令媽媽擔心，媽媽真是很感動呀。謝謝你呀！擁有你是媽媽最大的幸福呢！

　　上述的話，表達了我的同感，同時亦讓他知道我對他的期望和欣賞，因要孩子「聽媽媽話」，最重要是要他領受到媽媽背後的「關愛」，同時令他愛媽媽才行。

　　那晚回家，仔仔對我的熱情不改。枕頭語期間，問他可看到媽媽的留言，他環抱著我嘻皮笑臉地答看到了。再問他今天同學換季情況，他居然答很多同學換了季，我隨即說媽媽的建議很不錯。他笑笑口地沒再說什麼，只是纏著我玩我們獨創的「美女與野獸」遊戲。

　　那一刻我知道：「被逼換季」並沒有令仔仔討厭媽媽，反而深化了母子間的溫情。因為他收到的不純是要求，而是背後濃濃的愛。

―――――

<< 停一停・想一想 >>

當孩子不想做你要他做的事時，你會以什麼方式去回應？

13 賴床・不想上學

　　這陣子天氣轉冷，大人小孩起床都會有一定困難。若然孩子之前一晚沒有早睡，而課外活動又令身體特別疲累時，賴床情況會更甚。十歲的仔仔和大部分的小朋友一樣，總有賴床的時候，但卻從未因此想請假不上學。

　　這一天，仔仔表現異常。當丈夫叫他起床時，居然大哭大嚷，要求爸爸代他請假，因他很睏，很想繼續睡覺。聽到仔仔鬧情緒，亦想在此刻給予他一些支持，我迅速從被窩中鑽出來，探探孩子的所思所想：

仔仔：我不想上學，我想睡多會。（孩子大哭，眼睛還疲累得緊閉著）

媽媽：你一定是很睏，不夠時間睡才會這麼想。（情感上的認同代表了大人的明白理解，這是舒緩負面情緒的第一步）

仔仔：小朋友為什麼要那麼早上學，為什麼不可以像大人般，可以遲些上班。（帶著一些不甘，眼淚由仍緊閉的眼睛流出來）

媽媽：媽媽亦覺得仔仔說得很有道理，如果能像媽媽一樣遲些出門，那就不用那麼早起床。（這是道理上的明白，明白孩子會思想的腦袋）

仔仔：是嘛，學校很不對呀。（孩子的哭聲明顯減少）

媽媽：但如果大人上班的時間和小朋友上學的時間一樣，那麼很多爸媽就不可以送自己的孩子上學了。（嘗試在孩子情緒平伏

一點時，給他另一角度）

仔仔：媽媽，我想你送我上學。

媽媽：好，一言為定。不如媽媽拿條濕的熱毛巾讓你抹面精神些
　　　啦！（隨即打蛇隨棍上）

仔仔：唔⋯⋯（孩子已收起他的哭聲）

媽媽：仔仔果真是爸媽的好孩子。好啦，就讓我們精神地上學，今
　　　天放學回家再睡吧。（即時的讚賞再加上美好的遠景會直接
　　　加強孩子的原動力）

　　那一天，雖然擾擾攘攘了好一陣子，我們還是準時無誤、安
然無恙地出了門口上學去。孩子的情緒嘛，有時正像一陣忽來的暴
雨。身邊的人，只要淡淡定定，無須過份大驚小怪。慢慢地，就會
發覺：暴雨過後，一切又回到他原有的平靜和諧。

———

<< 停一停・想一想 >>

當孩子不想上學時，你會如何處理？

14 第一個獎杯

　　曾經以為仔仔會喜歡田徑，因他每年運動會都嚷著要跑短跑；曾經以為仔仔會愛上游泳，因他爸爸曾是學校的泳隊手。怎料經過小學前三年的尋尋覓覓、擾擾攘攘，仔仔竟然最愛的是攀石牆。而他婆婆即我媽媽，從一開始就已經反對這「危險」的玩意，於是日哦夜哦，把他媽媽我潛移默化。於是我亦很想以十萬個理由說服他不要玩這危險的活動。只是，想還想，最後我還是忍著心腸、硬著頭皮由他去也。因我不要過份的憂慮，扼殺了孩子那份對興趣理想的理性追尋。而更重要的是，我會每天為孩子的健康成長獻上由衷的禱告。

　　每個星期三的攀石訓練，仔仔總是特別興奮，到晚上他又會變得特別疲累，但卻又會很快投入另一次的期待。經過一年的訓練，仔仔終於有機會攀上比賽的攀石牆。

　　這個星期天，陪著仔仔來到了比賽的場地，得知仔仔的教練代他報了七至九歲的兒童組，而他同級的同學大都是十至十二歲的少年組。還以為這是因為教練報名的時候是五月，而那時的他未過生日，故也就理所當然的報九歲是也。或許知道不少參賽者年紀都比他小，他對獎項是蠻有期待的。

　　過程中，看到錄影片中很多孩子努力的攀攀爬爬。而仔仔是其中的一個，心亦暗暗為孩子的拼勁歡喜。畢竟能夠享受對目標的追求，向著既定標竿直爬，已叫人感動。成也好敗也好，已變得相對次要呢。

　　最後，是頒獎時候了，在即將宣佈名次的那一刻，我才發覺，宣傳板上所列出的參賽組別年紀，而仔仔應該屬於少年組而非兒童組。換言之，教練是報錯了他的組別，我在仔仔同意但又不太願意下，將之告知舉辦賽事的負責人，他最終決定事情已到頒獎關頭，也就將錯就錯地以不變應萬變。而仔仔也就在此種狀態下取了個季軍，贏了個不太光彩的獎杯。

　　及後問教練，他知否報錯了仔仔的組別，卻想不到他竟然答的是刻意的。　因他覺得仔仔比其同級同學少學了一年，這樣做令他更容易取勝，何況他也只是剛過生日，算是介乎兩者都可報之類別。匆匆忙忙之間，那刻的我沒說什麼。但卻更要叮囑自己回家途中要認真地為孩子做思想工作。

　　公公平平、正正當當、光光明明下的競爭，　贏嘛，才會來得更興奮更雀躍。

<hr>

<< 停一停‧想一想 >>

當孩子參與比賽得了獎時，你會如何看待及反應？

15 從 Mr. Grumble 到 Mr. Humble

　　仔仔很喜歡笑，而且笑得很盡情、很燦爛，每每帶給我這個媽媽一種雨後陽光灑滿大地的溫暖，或炎熱天氣涼風颼颼的快意。然而有一段時間，當遇到婆婆的指責，又或是聽到媽媽的批評時，仔仔就會像火山爆發般不可收拾地大吵大鬧。曾幾何時，他稱自己為Mr.Grumble(牢騷先生)、婆婆是Little Miss Grumpy（暴燥小姐）、爸爸是Mr.Good（好好先生）、而媽媽則是集Little Miss Good（好好小姐）、Little Miss Giggle（偷笑小姐）、Little Miss Wrong（錯誤小姐）於一身。那時，對仔仔處理衝突表現出來的脾氣，我亦感到甚為擔心。然而，作為大人的我們，唯有不斷學習以耐心、愛心加恆心，來引導仔仔正確處理自我的情緒、面對他人的批評以及化解人為的衝突。這陣子，似乎日子有功，在仔仔身上，漸漸發現這一種家庭教導的成果，而且他做得到的，比我想像中還要多，還要好。

　　現在的仔仔，每當見到婆婆開始大聲一點想罵人時，就懂得以溫柔的聲線先發制人地叫婆婆不要那麼惡；看到媽媽的樣子開始變得嚴肅生氣時，他又會自自然然地攬著媽媽叫媽媽不要嬲，又或是使出他那副「搞笑甜樣子」、「唐老鴨笨相」，討媽媽喜悅。婆婆和媽媽都會因他的舉動，或多或少地把怒氣減半，甚至完全息怒。做媽媽的我，更會攬著他，時而分享媽媽的心情和想法，時而讚賞他真是媽媽的好孩子。如是這般，仔仔也更容易乖巧地作出配合。

　　說真的，從心裏欣賞仔仔這種處理衝突的方法——一套連大人也不容易運用的方法，他似乎開始自自然然地掌握了。更由衷地感恩，能從牢騷先生（Mr.Grumble）變成謙和先生（Mr.Humble），除了仔仔自身的努力外，天父的愛亦不知不覺地融化了我們家大大小小的矛盾和衝擊，以致各人的心和臉都能夠變得接納包容多一點、謙和謙遜多一點。

————————

<< 停一停・想一想 >>

當孩子發脾氣時，你會如何自處？

16 家長的話題

「你的孩子已經懂得很多話，而我的就只會說爸爸媽媽……」

「我的孩子已經懂得二十六個英文字母，你的怎麼樣？」

「我的孩子中文作文有 82 分，你的孩子今次中文作文多少分？」

「聽說今次數學測驗中有十個人 100 分，我的孩子是其中一個，你的呢？」

「我的孩子覺得那份網上功課很難，你孩子又如何？」

「你就好啦，你的孩子成績那麼好，而我的孩子就總令人擔心……」

　　家長們圍起來總有很多說不盡的話題，幼兒階段交流的往往是孩子的發展，這包括了他的樣貌、身形以至高矮肥瘦等；到了小學階段，則離不開孩子的默書、測驗、考試等學業表現又或是比賽拿了什麼獎等學校成就。言語間總愛不自覺地將孩子的表現比來比去比個不亦樂乎。如是者，優勝的一方自然沾沾自喜，比下去的一方，總有點不是味兒。若然孩子在場，大人這種有意有意的比拼，就會將孩子的心漸漸地比歪了、友情中不知不覺地多了些雜質，慢慢地，關係亦變得複雜了、沉重了。孩子漸長時，家長如想約孩子們一起去玩，他們會開始不想再出去了，寧願在家做獨男宅女。

　　所以，我一向不愛與孩子朋友的家長談孩子的成績、談他們的學習表現，甚至是學校的成就。我反倒愛說說他們的朋友仔、他們的老師們、他們的嗜好，甚或是一些與他們有關的社會趣聞或時事等。這樣我們才會從另一個角度去了解孩子多一些、發掘孩子多一些。孩子嘛，也會在一種沒有比較、沒有雜質下培養出更多的友情，孕育出更多的純真和快樂，並更願意和家長們一起見見他們的朋友仔，而他們與朋友仔甚至與家人的關係也能恆久多一些。

　　這是其中一種祝福孩子成長的方法。

————————

<< 停一停・想一想 >>

你和孩子的同學仔家長之間的說話重點，會有比較的元素嗎？

17 媽媽不要來（一）

　　某個星期四的上午，九歲多的仔仔被合唱團老師推薦參加了校際音樂節的普通話獨唱。還以為需要家長帶領前往，於是我就理所當然地請了假準備和他一起去。怎料他之前兩晚告訴我老師會帶他們去。由於最近工作忙得很，遂向他提出媽媽銷假上班不陪他了。他隨即反對，還說他即將長大，媽媽要珍惜能陪伴他的日子，再過多幾年，媽媽即或想陪他屆時他都不需要了。孩子的話，直闖入我心坎。環抱著他，刻意以不鹹不淡的廣東話口吻和他說「咁又係噃」。說說笑笑間，我的心隱隱滲透著一種捨不得孩子長大的感覺。

　　來到了比賽的現場，見到仔仔與老師、兩位女同學同行。比賽分兩場進行，仔仔和其中一位女同學 A 是第一場，另一位女同學 B 則是第二場。在家日唱夜唱、歌不離口、表情多多、得得意意的他，今天明顯地表現緊張。歌倒是唱得不錯，但一張臉卻繃緊得無啥表情，眼神亦只是冷冷的沒有神氣。及後老師也說他的現場表現打了個大折扣。還記得仔仔較早前的校際普通話朗誦比賽淡定灑脫的表現令媽媽喜出望外之餘，更讓他得嘗了第一次冠軍的滋味。如今只是事隔兩個月，又是另一番不同的景象。是故聖經有謂：「不要為明日自誇，因為一日要生何事，你尚且不能知道」。與孩子同行真好，對他和媽媽來說，每一天都是生命的體驗、學習和操練。

因第一場完成至第二場開始之間有一小時的小息，我和仔仔、兩位女同學及音樂老師便在附近的一間快餐店吃點東西，期間同學B的媽媽來了。她一直在B的背後默默地站著，聽著女兒滔滔不絕地和我們大談學校的趣怪事。等了差不多三分鐘，我忍不住問同學B，她可知道媽媽來了。怎料她的答案是知道，只是沒有刻意地和媽媽打招呼而已，因為她不想媽媽來。

那一刻，我隱隱感受到做媽媽的一份無奈。

―――――――

<< 停一停・想一想 >>

當你去觀賞孩子的比賽或表演後，
你會欣賞多些還是批評多些？

18 媽媽不要來（二）

　　之前提及仔仔參加了校際音樂節的普通話獨唱，做媽媽的我因有工作在身，只觀看了仔仔有份參與的第一場比賽就離開，而沒緣觀看他沒份參與的第二場。及後聽仔仔說，兩場比賽完後他們去了同一間快餐店吃午餐。店內只有一張四人桌子，同學 B 也就順理成章，雀躍開心地請走那特別來支持她的媽媽。明顯地，這一位十歲女孩，已有著很多時下青少年的特色，獨立的心是那麼強烈，極力快速地想把媽媽推出自己的世界以外。為了解孩子所想，並讓他知道做媽媽的心腸，我和仔仔有了以下的對話：

媽媽：仔仔，你覺得同學 B 為什麼會這樣對媽媽呢？

仔仔：或者她在同學老師面前見到媽媽會覺得尷尬吧！

媽媽：我猜她媽媽去，只是想支持一下自己的女兒。你知啦，趕來趕去，坐足一個多小時，就為了聽子女唱一分鐘的歌，如果不是一份愛，沒有人會想這樣做呢。（很想孩子從媽媽的角度想事情）

仔仔：這又是。

媽媽：同學 B 這樣做會令媽媽很不愉快呢。仔仔呀，以後如果有些時候，你不想媽媽到現場支持你，就要和媽媽說呀。你知啦，如果你用同學 B 的方式對阿媽我會「巧傷心」的啊。（嬉嬉笑笑中，讓他知道媽媽的心腸，並鼓勵他多表達自己的意願）

仔仔：呵。知啦！（仔仔以調皮得意的語氣回應，明顯相當受落）

媽媽：媽媽有個乖仔仔真是「巧幸福」啊！（再以笑笑口不鹹不淡
　　　的廣東話口吻回應）

　　哈哈哈，母子之間，就是這樣。開口有時、靜默有時，知道孩
子收到所言，做媽媽的我也就大功告成，收口是也。

————————

<< 停一停・想一想 >>

當孩子開始抗拒你參與他的活動時，
你會有什麼反應及對策？

19 夢想的工作

　　仔仔由小開始，便很想做老師。這個志願，在他的心底中，一直都沒有改變過。或者是因他曾在媽媽肚子內時，已陪伴媽媽在學校做很多教導的工作；又或者是因為在家見過做老師的爸爸改簿時的專心樣。然而，我相信：影響他最大的是：在成長的過程中，他遇過很多愛他、欣賞他、祝福他的好老師。

　　去年聖誕假期，我們一家三口去了深圳的麥魯小城 —— 一個小孩職業體驗樂園，為要讓仔仔體驗不同職業，同時亦滿足一下孩子愛角色扮演的心態。

　　園中有四十七種不同的職業讓孩子去選擇，而其中模特兒就是最多女孩子扮演的夢想，台下就站著眾多個爸媽為自家的孩子努力地拍呀拍。至於我仔仔就選擇了七個職業去扮演，包括活字印刷員工、消防員、新聞報導員、郵差、保安員、牙醫及工程師。雖然他在眾多孩子中是較大的一個，但其感覺仍覺新鮮好玩。

　　試驗過一些職業後，我再和仔仔談及他的志願：

媽媽：仔仔還想做老師嗎？

仔仔：想呀！（孩子答得堅定不疑）

媽媽：為什麼你那麼喜歡做老師呢？

仔仔：因為我喜歡改東西，改東西很好玩呢！（孩子最喜打剔和交叉）

媽媽：但你知道老師除了改東西，還要教學生啊。（希望孩子想多一點）

仔仔：那我就不如將現在老師送給我的文具儲起來，將來送給那些
乖學生！（孩子的心思叫我感到驚訝）

媽媽：哈哈，仔仔那麼有愛心，媽媽相信你如果做老師，那一定會
是一個很受學生歡迎的好老師呢！（此刻祝福的話大過一切）

　　雖然我不知道孩子的理想在十年後會否一樣，更不清楚老師是
否一份最理想的職業，但我還是選擇順著孩子的意願行，在此時此
刻不說負面的話，讓他好好地去發個「理想」的夢。

———————

<< 停一停‧想一想 >>

當孩子談及他的夢想工作時，你的回應是什麼？
你會否因為他成績不夠好，又或是夢想不夠高、收入不夠吸引
或捱的苦太多而作出糾正或否決？

(20) 母親節的期待

　　五月份是我們母子倆的超級忙碌月，孩子忙學業、忙活動、忙興趣發展；媽媽就忙事工、忙外評、忙計劃書。雖然各有各忙，但大家就以每天的攬攬抱抱、每餐的嘻嘻哈哈、睡前的吱吱喳喳以及呢喃禱告，祝福著彼此的心靈。

　　日子雖然相當忙碌，母親節到了，我這個做母親的，每年的這一天，對孩子的心思禮物，還是蠻有期待。故此，是暗示又是明示，心就是怕孩子因忙、忙、忙而將媽媽忘、忘、忘。

　　母親節當天，完成一天的活動後回到家中，仔仔從房中走出來，背後像藏著什麼似的……

仔仔：媽媽，我有份禮物送給你，但你不要介意它太簡陋啊……

媽媽：當然不會啦，媽媽只需要你的心思和心意啊！

仔仔：媽媽，你看……（笑笑口卻也戰戰兢兢）

媽媽：哇……（驚喜大喜）

　　當我正籌想我會否收到一份孩子隨便拿張紙寫幾隻字的禮物時，收到的卻是一本以一張普通紙摺成的小書仔，內載了「愛媽」的心志。簡簡單單得來卻又別有心裁，媽媽的心已甜到不得了。

　　曾經有朋友質疑我這種「明示暗示式」的「教子送禮法」，因覺得孩子這樣送的禮未必由衷。但我卻認為很多現代家長每逢聖誕節、兒童節、孩子生日等都想著送什麼禮物給孩子，卻很少要求孩子送禮物給自己。在沒有要求下，孩子懂感恩、懂回饋的心也就沒法好好地發展出來

　　我家的孩子只要曾花過時間、花過心思，無論送什麼東西，做媽媽的我都會以最大的擁抱、最驚喜的表情來給予他最好的肯定。相信這樣，他心底裡「愛媽」的心才會歷久不衰。

<< 停一停・想一想 >>

孩子送予你的禮物，你會好好保管嗎？

21 放暑假

「嫲嫲，我很累啊！」「你累你應和你爸爸講，你和嫲嫲講無用。」這是一對三歲女孩和其六十歲嫲嫲的對話。原來這小女孩自暑假以來，便被爸爸送了去學不同的興趣班：英文、普通話、小提琴、鋼琴、非洲鼓，甚至籃球等，令到她星期一至六都往不同的地方跑。哈哈，感覺是學多了東西，只是累透了的心懷能將所學的消化嗎？

聽過最近一位青年空間同事所說的真故事，一位九歲的孩子來到青年空間學暑期班，姑娘問他什麼房間，他說不知道；問他報了什麼班，他說不知道；問他報了什麼時間，他說不知道；問他為什麼要報，他說不知道；他所知道的只是媽媽幫他報，個別的課還是媽媽逼他上。嗚呼哀哉，是感嘆也是哀嘆，錢倒是花了不少，孩子在這過程中是真的學多了還是感覺學多了？

至於我家的孩子嘛，在這個暑假裏，就跟爸媽去了三天的短途旅行，看了一些買回來借回來的書，報讀了兩樣他喜愛的暑期班，嘗試了多堂未玩過又愛上了的欖球，跟媽媽去了一些社區或教會義工活動，與很多家人朋友玩過吃過，睡了很多次的午睡，也慢慢按部就班地完成了他的功課……孩子告訴我說他很喜歡這種暑假，不會太忙碌也不會太悠閒，因為他覺得這樣才是像樣的暑假。最後的一個星期，他終於期待上學了。

真好，暑假期間能重新得力，孩子在新學年才可如鷹展翅上騰，將動力潛能發揮極致。

────────

<< 停一停・想一想 >>

孩子的暑假他有份計劃嗎？你在報名之前會和他商量一下嗎？

22

吱喳母子情

不知不覺，仔仔已經升中，如今是典型的 F.1 仔了，說話有時會顯得直截了當。咀嚼其中，卻又發現不少內裏的道理和智慧。做媽媽的我，家長親子講座講得多，但要學習實踐其中的理論，卻也需要不少的能耐、了解、尊重、接納以至欣賞。以下是一些例子：

對話一

媽媽：仔仔，知道嗎？現在有些孩子會激到媽媽紮紮跳，搞到媽媽要忍不住出手打他，如果有一天，同類的事情發生在你身上，你會如何處理？

仔仔：那我或會罵媽媽罵到飛上天花板囉……（孩子笑笑口地說）

媽媽：好驚呀……不是吧（我扮驚……）

仔仔：那你就不要打我不就是了……（看來甚是）

媽媽：哈……（媽媽我即時扮氣結……但想深一層，孩子的話又挺有道理）

對話二

媽媽：仔仔，現在氣溫只有十多度，你為什麼穿短袖呢，Why Why Tell me Why?（我扮唱歌仔）

仔仔：我又不冷，為什麼我不可以穿短袖？（聽起來蠻有道理）

媽媽：哈，若然屆時病了，你就不要怪媽媽罵你了……

仔仔：得得得……你嗌，你嗌……（這是叫媽媽收口的最佳方法）

媽媽：哈哈哈……（我無奈大笑作結）

對話三

爸爸：老婆，今日我在附近新開的酒樓吃乾炒牛河，好抵，只有 38 元！

媽媽：哈，你又食乾炒牛河，好肥的呢……（我腦海中忘了什麼是同感，只記得卡路里和他的肥肚腩）

仔仔：媽媽，你這樣話 Daddy，他不就以後不講東西給你聽了嗎？

媽媽：又係……喎，仔仔真係「巧」……聰明呢！（突然王祖藍上身……）

　　孩子對著媽媽，就是那麼一個有碗話碗、有碟話碟的人，來得嘻笑怒罵、直接得來又很親切，同時又可以做到無所不談、嘻嘻哈哈。我這個做媽的亦樂於時而扮可愛、時而扮童真、扮不懂，總之就是得得意意、傻下傻下的。慶幸也感恩：母子之間在孩子踏入青春期仍有這般關係，相信這是上頭的恩典，也是我們由小到大，相伴相依、互愛互重、用心經營儲蓄回來的福氣。

———————

<< 停一停・想一想 >>

你和孩子之間能否做到一些非一般的「破格溝通」？

23
滂沱大雨後釣墨魚

　　我家的孩子是獨生子，除了家人和教會，我常希望他的身邊會有一群一起成長的好朋友。感恩，小學同學的組群便是我們共同珍惜的圈子。因為當中，載滿了很多甜蜜的回憶，也因此我們會渴望更多同玩的經驗，務求共創更多美好的相處片段。

　　趁著中一暑假，我們約了齊齊夜釣墨魚，一行廿八人一呼即應，浩浩蕩蕩包船去也。就在八月二十日的這一天，早上還陽光普照，但至下午三點半，天忽地黑了一大片，之後便是嘩啦啦地下著滂沱大雨，想起五點約了孩子們及家長好友們，吃海鮮兼出海釣墨魚，豈非掃興不已；於是我靜靜向上祈求：可以讓天清雨停嗎？可以讓我們的好友們看見祢的保守嗎？

　　下午四時多乘小巴往西貢的路上，雨開始停、天開始清，晚上更是一滴雨都沒有下過，我們如期地坐在船的夾板上，吹著海風、望著月光，並按計劃學釣墨魚，等下、挫下、傾下、講下，哇，雖然我和孩子一隻都釣不到，但好友們卻有驚喜收穫，一隻、兩隻、三隻……漸漸地，八隻、九隻、十隻……於是我們有機會嘗到即煮墨魚的鮮味，孩子們、家長們樂透了。

晚上回到家附近,那裏剛下過一場大雨,地下濕滑得很。而那晚深夜時分,更是雷雨交加,心由衷地感恩感動了,那是從上而來的額外恩待和保守,不是必然卻很珍貴。

<< 停一停・想一想 >>

你對於所經歷的不同事,會有感恩心嗎?

24 五個去海洋公園的少年

　　仔仔所讀的小學，是考完試才放聖誕假期，故此他的聖誕是真真正正的快樂聖誕。親子除可感受節日之輕鬆歡愉，更可齊齊締造最佳的相處時光。

　　仔仔小五的聖誕假，可謂節目豐富，開 Party、去圖書館、遊赤柱、踩單車、去深圳麥魯小城、遊野生動物園；而重頭戲則是五個少年加五個媽媽去海洋公園，這個玩樂組合已叫人期待。

　　來到海洋公園，發覺人氣相當旺盛，期間更下起雨來，我們一眾家長開始擔心：在如斯多人有雨的環境下，雖然仍可觀賞海洋生物、探訪企鵝熊貓，但很多戶外活動都要取消。那一刻，我心默默祈求，盼望雨會有機會停，讓孩子們可玩下戶外的機動遊戲，家長們又可開心地拍下照。當然即或不停，亦讓我們都玩得歡欣盡興。及後知道：原來組群中誠心禱告的不只我一個。

　　坐過纜車、玩完空中快車，我們就去餐廳吃飯。在豐富的午餐中，大家開開心心地吃吃笑笑，同時觀賞企鵝游水玩樂的可愛樣，那快活感叫人難忘。完餐後出門口，雨真的停了，望著天，心感謝。同時體會到生活縱遇風雨，只要欣然面對、繼續享受、常存盼望，雨總會過、天總會青。

　　之後，一行十人興緻盎然地去玩機動遊戲。排隊時，五個男孩已自動組成兩人一隊，仔仔跟 HC，OT 跟 AT，TH 跟媽媽。期間 HC 媽故意逗著其子：

HC 媽 :HC 你不要和媽媽坐嗎？

HC:（面有難色）我想和 N 坐

HC 媽：你不要媽媽了嗎？(媽媽扮成可憐樣)

HC: 媽媽你和 N 媽媽坐（孩子面有難色，卻又想安慰媽媽）

HC 媽：好吧！

HC:（面露笑意）

　　媽媽的欣然帶來孩子的歡容，成長中的少年就是這樣。隨著年紀增長，他們的世界會變大，我們的地位會縮小。相反，老師同學朋友的影響力會突然加增，做家長須逐漸調節自己的行為和感覺，去陪伴祝福孩子之餘，亦讓自己不致憂鬱難過。只是我堅信：父母的愛、家的溫暖仍是孩子心底的依歸。有了這些，他們才會有足夠勇氣、智慧去與人聯繫，尋找創建多姿的未來。

――――――

<< 停一停・想一想 >>

當孩子愈來愈大撇開你的手時，你會接受到嗎？

25 青春期的忍和退

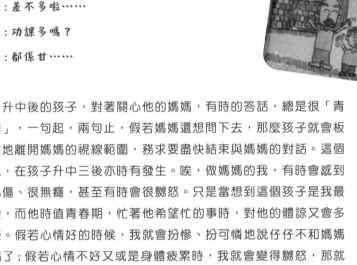

媽媽：孩子，你今天上學怎樣？

孩子：OK 啦……

媽媽：有沒有什麼有趣事或特別事告訴媽媽？

孩子：差不多啦……

媽媽：功課多嗎？

孩子：都係甘……

　　升中後的孩子，對著關心他的媽媽，有時的答話，總是很「青春期」，一句起，兩句止，假若媽媽還想問下去，那麼孩子就會板起臉地離開媽媽的視線範圍，務求要盡快結束與媽媽的對話。這個情況，在孩子升中三後亦時有發生。唉，做媽媽的我，有時會感到很心傷、很無癮，甚至有時會很嬲怒。只是當想到這個孩子是我最疼愛，而他時值青春期，忙著他希望忙的事時，對他的體諒又會多一些。假若心情好的時候，我就會扮慘、扮可憐地說仔仔不和媽媽傾偈了；假若心情不好又或是身體疲累時，我就會變得嬲怒，那就乾脆簡單地拋下一句：仔仔你真是不可以這樣不禮貌的態度對待媽媽的，媽媽會很心傷的，然後就離開他的視線範圍，做一些自己想做的事情。

　　過了一些時候，當孩子忙完他的事情，當他的心情好了一些，又或者發現自己似乎得罪了所愛的媽媽時，他就會識趣地叫聲媽

媽，又或者臨睡前叫媽媽坐在他的床邊和他 Pillow talk（枕頭語）一番。到那時，媽媽就可以東拉西扯、天南地北地說說他人的故事、自己的故事，然後孩子才又會分享自己的故事、他人的故事……兩母子又再重回溫馨甜蜜的時刻。

這陣子聽過不少家長朋友抱怨孩子踏入青春期後變了另一個面目可憎、說話難頂甚至對家人不理不睬的討厭樣，我腦海就浮起以下一些古人諺語或聖經金句：「忍一時，風平浪靜，退一步，海闊天空」「回答柔和，使怒消退；言語暴戾，觸動怒氣。」「愛是恆久忍耐又有恩慈……」，這類招數和修為對著家中那個青春煥發的孩子，一定要好好用上。

―――――

<< 停一停・想一想 >>

當孩子的回應非你所願，你會如何面對？
你會做好面對孩子青春期的準備嗎？

26 常常問的為什麼

　　如果你是大人，你會否常常問：為什麼人家的孩子總是那麼棒而我的卻那麼糟？為什麼人家的丈夫總是那麼體貼而我的卻是對牛彈琴？為什麼人家的太太總是那麼溫柔而我的卻像河東獅吼？為什麼人家的銀行存款總是那麼多零而我的就最多只有三個零？為什麼人家的家庭總是那麼和諧幸福而我的卻常吵吵鬧鬧家無寧日？為什麼人家的事業家庭兩得意而我卻兩者皆不是，為什麼……

　　如果你是孩子，你會否常常問：為什麼人家的爸爸總是那麼明白事理而我的卻那麼無理取鬧？為什麼人家的媽媽總是那麼溫柔體貼而我的卻是嘮嘮叨叨？為什麼人家有工人服侍周到而我卻要做那麼多家務？為什麼人家的零用錢總用不完而我的卻常捉襟見肘？為什麼人家的腦子總是一點就明而我卻像牛皮燈籠點極不明？為什麼人家的樣子總是那麼俊俏而我卻像路人甲般毫不起眼？為什麼……

　　數不完的為什麼，盡數自家的差、自家的劣，只見人家的好、人家的優，負能量粒子結聚滿心肝滿腦子，「愁先生」「驚太太」「憎小姐」充斥屋子，直把自己拖下去……

要擺脫這一切，容易嗎？很難吧？

正向心理學印證過個人的幸福感對我們生活各方面都產生巨大的效益。內裡提及的快樂七式包括：

（一）感謝讚美要夠多
（二）保重自己身體好
（三）適當工作和生活
（四）正面思維及溝通
（五）樂於助人心更開
（六）寬厚待人心舒暢
（七）常聚天倫樂無窮

這七式說易行難，或許你可以試試尋求從上而來的力量，又或是四面八方從左到右的助力更新，再經驗由內至外的調整改變，令所思所想不再一樣。屆時你內外的屋子將會發現愈來愈多「樂小姐」的腳印踪跡。

———————

<< 停一停 · 想一想 >>

你心中浮現的負面思想多嗎？
它們會如何影響你與孩子以至家人的關係？

27

孩子，你知道嗎？

許多媽媽不是會計師，
卻會精打細算、量入為出；
許多媽媽不是廚師，
卻能煮出最美味有營的菜式；
許多媽媽不是美髮師，
卻能為孩子剪出最可愛型爆的髮式；
許多媽媽不是形象設計師，
卻會把孩子打造成最俏公主最俊王子；
許多媽媽不是醫生，
卻能以自己療法醫好病榻孩子；

許多媽媽不是室內設計師，
卻會用心建造家庭美化家居；
許多媽媽不是社工，
卻能輔導孩子走好前路；
許多媽媽不是理財策劃師，
卻會為孩子計劃將來儲錢升學甚至進修；
許多媽媽不是家務助理，
卻做得最多家務洗得最多衣服最多廁所……
無薪又無假，
做不完的工作，
完不了的職事，
辛苦嗎？

吃力嗎？

艱難嗎？

孩子的一句甜心話，

一個真誠擁抱，

一張自製心意卡，

一趟真身陪伴，

一份溫情拖帶……

是什麼也好，

已足夠讓她樂上一整天、一整年。

支持著她甘心命抵，

無怨無悔地走下去。

長大中的孩子，

已長大的孩子，

你知道嗎？

母親節，

你會為媽媽送上一點兒什麼嗎？

還是你只會掛住忙著自身的事宜，

無聲無息地送上那一室慣常呼吸的空氣？

———————

<< 停一停‧想一想 >>

你會向孩子表達你的心聲嗎？

28 媽媽離家去旅行

自十五年前做了媽媽之後，心總希望爭取多點時間陪仔仔去成長，所以搭飛機去旅行，就每每只想到和他一起。反而這幾年隨著仔仔的長大，他已有幾次機會自行離家飛往世界不同的地方，亦因此媽媽對他的掛念總比他掛念媽媽多許多。這是自古以來的常態，雖然當中或帶著點點唏噓。

這個復活假期，仔仔忙碌要去 Camp，丈夫又未想遠飛，我就忽有衝動，即時訂了機票，跟著幾位朋友去曼谷，順便探探那邊的親人。然而，心不知怎的，總是有點七上八落，甚至曾想找個放棄的理由。

哈哈⋯原來和很多媽媽一樣，孩子出生後，已佔了我生命中至重要的位置。或許我擔心萬一有意外不在人世，仔仔會怎樣過；或許又會計算錢獨自地花在自己去旅行這事上好像不太好；甚至會盤算幾天假期，不是還有很多重要的事要忙嗎？應該，應該⋯⋯又是應該，一個個無形的枷鎖，令我這做媽媽的，無法自由地去飛。

飛吧、飛吧，如丈夫孩子所言，都是幾天而已，又何必想得那麼多，人生總有些時候，要離開家庭獨自去飛、去玩；總有些旅程，要與朋友去經歷、去享受。我這社工媽，腦子常常裝的是如何在工作、家庭以至教會更好地做人做事，卻原來此時此刻，倒要學習的：是如何與朋友去玩，玩得開心、玩得盡情。

近幾年開始多了人高舉媽媽的 MeTime，無論是定期一個人的放空又或是與朋友一齊的放鬆，都會讓其壓力放低、心理變強大、腦中的點子更可暢行無阻呢。

———————

<< 停一停・想一想 >>

除了陪伴孩子家人，你會有自處或與朋友一起玩、
一起暢談共樂的時間嗎？

9/9/2008

29
會洗碗的孩子

我們的家沒有傭人，家務都是由我們一家三口子分工合作去承擔。自孩子中五以來，他是持續地忙碌，忙超多的課外活動，忙緊張的課業，忙林林總總的節目……家務唯有由我和丈夫主力負責。近半年，沒有奶奶住附近可寄食的方便後，煮食一流的丈夫成了在家開飯晚上的灶頭大將軍，至於膳後的洗碗工程，大部分就由我去完成。

六月二十三日，我家十六歲的孩子終於考完最後一科試，這一晚，這個高高大大的大男孩，居然很主動爽朗地表示會幫手洗碗。做媽媽的我，那一刻，疲憊的身軀忽地一振，而內裏那顆累透的心也彷彿跟著在跳舞。

孩子洗碗這動作，原來不只是一晚，兩晚的事，而是考完試後，每晚吃完飯的指定動作。總之，只要媽媽爸爸有要求，他就不會說不，做媽爸的我們，亦樂於將洗碗工程拱手相讓。畢竟，這個年代，會洗碗的孩子不多，願意堅持地每晚洗碗做家務的少年人更是少之又少，我們當然要欣然給予發揮機會。

雖然我不知道，這孩子的洗碗行動能維持多久，但做媽媽的我還是要選擇為每晚的這麼一件小事兒去感動。或許你會笑我的大驚小怪，笑我的小事化大，笑我的無無謂謂，笑我的芝麻綠豆，但做媽媽就是這樣的吧?!面對著孩子，我們的神經總是特別跳躍，我們的觸覺總是特別敏銳，我們的心情也總是特別起伏，而淚腺又總是特別發達。

因此，有人說：媽媽是這世上最易感的動物，也是最易被討好的人類。你會相信嗎？

我嘛，就是這麼一個典型的人版。

———————

<< 停一停．想一想 >>

你會鼓勵孩子分擔家務嗎？
假如他願意分擔時，你會有什麼反應？

30

終於等到了……

生日，不用上班，可睡到自然醒，醒時已九點半。孩子已上學，看下手機又看桌面，沒有什麼發現。心想：還是不要有期望？

於是陪著媽媽，還有從加國回港的姐姐，來個香港一天遊。遊走香港歷史博物館，我們回到了那些年曾住過的木屋，常常怕火災、怕狗、怕黑、怕風球的年代，夏天很熱、冬天卻又很凍的歲月。再聽媽媽說她的黑暗少年時，日本侵華、文革鬥爭……無父無母只有個疼她的哥哥在身邊的小女孩，怎樣從農村走到城市，從窮學生做到政府幹部，從中國大陸再走到香港……那個勇敢的女孩子如今已是個白髮蒼蒼的老婆婆了，然而這個老婆婆，在我這女兒看來卻依然美麗。

下午，WhatsApp 問孩子周六晚上會否去看一位好朋友 E 的演出，他回覆會去，然後再答多一句：Happy birthday —— 一句不經意的祝福。心想孩子真是隨意得很，心肝有點不足，但卻總好過無。經過過去三年的期待，做媽媽已經逐漸明白，十來歲的孩子，心思不花在媽媽身上是常識。他不預備什麼，並不代表他不疼媽媽，他的愛常常只藏在心不宣於口。晚上六時，孩子回家，居然送上花花頭飾及貓貓袋。哇哇哇，做媽媽的，有點難以置信，簡直開心到飛起，於是即時變成拿貓貓袋戴花花頭飾的花師奶，幸福滿滿，笑逐顏開。

哈哈哈……有子如此，夫復何求！

做媽媽的快樂，莫過於此。

<<停一停・想一想>>

你對孩子所做或所不做的會有什麼的反應呢?

母親大人:
　多謝你一路以嚟哦無比
關懷和無私付出與貢獻大是
我們生活最重　要的部份,你
你身上給到無窮無盡的愛與是
無條各也永無此境的愛,付難能
可貴,所以我都永遠愛你

第三章

以愛為本的同行

　　孩子出生，大部分的父母都會即刻愛上他，愛他軟綿綿的肉質、愛他香噴噴的奶香、愛他有髮無髮的頭型、愛他純真無偽的笑臉，然後他的一笑一哭一言一語一行一走一跑一跳一食一痾，通通成了父母間引以為樂的趣言妙語。

　　然而隨著孩子逐漸長大，父母的要求愈來愈多，孩子間的差異愈來愈大，於是當孩子能做到父母要求時，父母會愛多一點；當孩子無法達成父母的期望時，父母的憤怒會隨之而起。　然後，愛變得愈來愈少，親子之間的快樂感覺亦逐漸消失，慢慢地，變得無影無蹤了。　父母此時開始感受到：孩子是愈來愈難教了。

　　「我若能說萬人的方言，並天使的話語，卻沒有愛，我就成了鳴的鑼、響的鈸一般。　我若有先知講道之能，也明白各樣的奧祕、各樣的知識，而且有全備的信叫我能夠移山，卻沒有愛，我就算不得什麼。　我若將所有的賙濟窮人，又捨己身叫人焚燒，卻沒有愛，仍然於我無益。　愛是恆久忍耐，又有恩慈，愛是不嫉妒，愛是不自誇，不張狂，　不做害羞的事，不求自己的益處，不輕易發怒，不計算人的惡，不喜歡不義，只喜歡真理；　凡事包容，凡事相信，凡事盼望，凡事忍耐。　愛是永不止息。」（聖經哥林多前書 13：1-7）

　　套用上述聖經的話，愛實在很難吧。但在教育孩子方面，愛又是個極其重要的核心價值。即是說：要孩子聽教聽話，我們得讓他常常感受到我們的愛。　即或他做了錯事、蠢事、傻事等，我們仍舊尊重他、愛護他、接納他、原諒他、幫助他、鼓勵他、祝福他。這個過程，代表著此生此世的不離不棄；即或疲倦困惑勞力勞心亦在所不辭。

　　難嗎？　難呀，不是少少難，而是很多很多的難啊！　所以聖經有謂：如今常存的有信、有望、有愛這三樣，而其中最大的是愛。（哥林多前書 13：13）

　　但願我們做父母的，都能靠著從前到後、　從左到右、　從上而來的智慧，學習如何去完完全全、由始至終地愛孩子。不因他的樣貌、　不因他的成績，只因他是我們命定的孩子。

1 甜甜的心、甜甜的話、甜甜的孩子

這幾天，身體總覺腰酸又背痛，於是在大清早的七時正，來到剛開放的泳池。泳客寥寥可數，加上我，才剛剛小貓三隻。微涼的風吹過，再吸一口清新的晨氣，叫人特別心曠神怡。看著池面泛起的微波盪漾，我已急不及待地鑽進水中世界，享受它溫柔的鬆骨按摩。心中直呼：正！

之後，取了半天假為仔仔學校早上舉行的南蓮園池半天遊擔任家長義工。一路上，四個大人帶著十六個小孩子，浩浩蕩蕩地走去仿唐建築的大公園。雖然只是十來分鐘的路程，但對校長老師而言，卻是格外緊張。部分孩子吱吱喳喳的問題、好奇不斷的心和手，有時卻不免被忽視了又或是禁制了。而我的仔仔呢，此刻也變成其中一個雙手放後面，靜靜地跟著老師走路的好孩子。

來到公園，走了約二十分鐘，天灰濛濛的下起雨來。坐在避雨的長椅上，校長老師在惆悵商討著回校的方法。為免浪費了這一個旅程，我就抓著這一刻的機會，問起他們一路上的所見所聞，以挑起他們活潑的靈，孩子們的手舉得特別踴躍，真好！他們跳躍好奇的心又回來了……．

回程中，有孩子對我說：「姨姨，你好靚！我很喜歡你呀！」另一個小孩也在和應。哈哈！我這個沒有什麼機會給大人讚美麗的姨姨，今晚倒真是無法安眠呢！心實在知道，孩子欣賞的美麗，乃源自我內裏一顆願意讚賞他們、擁抱他們、肯定他們的心。

下午帶自己的學生參加完一個大型活動，晚上又匆匆趕往教會為星期日的敬拜練詩。回到家中已是十時半，吃完遲來的晚餐，

擁著仔仔，我隨心地說：「知道嗎？媽媽是多麼愛你掛念你。你永遠是媽媽的 Sweetie Pie（甜心批）呢！」

或許甜心的話總不嫌多，仔仔隨即回應說：「媽媽，我都日日掛住你的！你上班我又掛住你，和你一起我又掛住你呢！總之我就是「千掛住你，喜歡你啦！」我這個被孩子出奇不意「千」掛念的媽媽，豈不感到心甜得很。

感恩！在繁忙疲憊的生活中，我仍不忘成為一個甜心的媽媽，培養一個甜心的孩子！

————

<< 停一停・想一想 >>

你會如何讓自己成為一位甜心的家長？

② 幹大事

真奇怪，或許是缺乏安全感吧，除了去旅行的日子外，仔仔自小便很少在外便便，即或由兩歲讀全日班開始至今已經三年多了，他都愛把那便便留在自家的尿片或家中的廁盆裏，然後呼一聲一沖而去。

當還很小用尿片的時候，當仔仔要便便時，即或玩得多麼投入，他都會突然走到電視櫃旁站著，然後由一個嘻嘻哈哈、依依呀呀的笑樣，變為一副沉默應戰、不動聲色的嘴臉。彷彿靜靜地等待著什麼來臨似的。不一會兒，他在綻出幾次一字嘴臉的趣怪表情後，就會輕快地走到尿片袋裏取一塊尿片，遞給還在忙著些什麼事的婆婆或爸媽，示意我們替他更換。那時，我們才如夢初醒，原來小小的他已在不知不覺間幹了大事。

如今已經五歲不再是BB的仔仔，一幹大事，不再喜歡靜悄悄，而是像宣佈大事似地呼召家中的大人去陪伴他。由於事情大多是發生在晚上，陪伴他的重任也就往往落在他的爸爸或媽媽我身上。

從來都認為廁所不宜久留，更不明白為什麼有人喜歡在廁所看電話看報紙雜誌。然而，當我這個媽媽被仔仔呼召成為他的廁所天使時，那股力量就令人難以抗拒。

仔仔很享受每晚幹大事的時刻，每每一坐便是十多二十分鐘。在這段時間內，他會訴說學校發生的事情，誰最乖及誰最曳等，又會如數家珍地告訴誰是他的好朋友。興之所至，又會突然唱首新教的歌，說一個新聽回來的笑話，猜一個從書中看到的謎語，又或是和媽媽玩一個頭對頭，猜猜手指的遊戲。總之兩母子吱吱喳喳地說個不停、笑個不停，彷彿廁所幹大事帶來的臭氣不曾存在過。

　　聖經說過：愛能遮掩一切罪。而此刻的我，卻深深地感到愛能遮掩一切官感，叫臭變香、叫苦變甜、叫醜變美。

　　對很多媽媽來說，能陪伴孩子成長，幹大事也好、幹小事也好，都是一種千金難買的好福氣。

―――――

<< 停一停‧想一想 >>

你會如何陪伴孩子做不同的事？

③ 孩子口中的愛與掛念

　　由於我常常和仔仔說愛，故他也很喜歡說愛。他四歲時，我曾問如果以「一到十」去量度，他愛媽媽的程度有多少，他毫不猶疑地給了個意料之外的答案：「無限」，當時直叫我狂喜。

　　跟著某星期天，我刻意地和教會一位四歲女孩 L 攀談，再問她同一條問題：「你愛你的媽媽有多少？」她的答案是出奇不意的「一千」，然後便攬著媽媽跳躍著大聲說愛媽媽「一千」。我又再逗趣問她愛一起返教會的婆婆有多少，她直答「一百」，兩個答案都比我所提供的量度「一到十」多很多，卻又有分別。此外，我們談到她與爸媽去韓國遊玩事，我又好奇地問她對婆婆的掛念「一至十」究竟有多少，她不假思索地答「一億」。哈哈，孩子的純真直叫我們大樂！

　　仔仔六歲了，某天和他玩樂時，他竟用熟悉的聖誕音調，配上自作歌詞，表情十足地對著媽媽唱「我真的好愛你」。於是，我再逗弄他，如果從一到十，他愛媽媽有多少，他的答案竟是「九」。少了一分乃因媽媽有時敦促他練琴會有少少惡，原來兩年的時光已令他悄悄長大，答案也變得現實多了；跟著，我又假設自己離開香港工幹幾天，那他掛念媽媽的程度又有多少，他的答案竟是「九億九萬九千九百九十九個九加九億九萬九千九百九十九個九加……」。哈哈，真好，孩子仍不失那快活人心的童真。

　　某晚我工作回家已經十一點，仔仔剛入睡。還記得，曾幾何時，他即或多麼疲憊想睡，一聽到媽媽的開門聲就會飛奔出來給我一個吻並說晚安才上床繼續他的清夢。今天的我，聽不到他的掛念話和感受不到他的熱情抱，心頓感有些失落。

我親愛的孩子，

知道嗎？媽媽是多麼的掛念你呀！

看不到你的笑容，媽媽的心真帶著幾許的空虛呢！

在逐漸長大的過程中，你對媽媽的思念會否與日俱減？

在少了時間相伴的日子裏，我們之間的甜蜜會否愈來愈少？

在教人家做好爸媽的同時，媽媽會否已變得不太稱職？

此刻，媽媽只有把你交託給愛我們的天父，

讓我們之間的愛和掛念隨年日而加增。

現在雖然已經十二點了，

但媽媽卻知道無論今天多晚睡覺，

明天仍會很早起床，

皆因媽媽很想告知你，

對你那份愛的思念，

從你出生的那一刻開始，

就已經注定的有增無減了。

―――――

<< 停一停‧想一想 >>

你會珍惜孩子愛你的童心嗎？

④

生孩子前和生孩子後

生孩子前，或許她最愛逛時裝店買潮服掛飾給自己，
生孩子後，她卻只愛逛童裝店買童裝衫給孩子；

生孩子前，或許她會打球又會跳舞，
生孩子後，她卻只會陪伴孩子去打不同的球跳不同的舞；

生孩子前，或許她不曾想過要去學琴考琴，
生孩子後，她卻不假思索地和孩子一起去學琴考琴；

生孩子前，或許她不愛入廚房也不愛逛街市，
生孩子後，廚房街市就成為了她的常去之處；

生孩子前，或許她只會乘巴士地鐵而很少乘的士，
生孩子後，的士變了她和孩子一起時的專用交通工具；

生孩子前，或許她不會記掛著放工的時間，
生孩子後，她恨不得一放工就即刻飛奔回家；

生孩子前，或許她會因很多小事而情緒不穩，
生孩子後，她卻只會因孩子的事而煩擾不安；

生孩子前，或許她很怕痛很怕苦，
生孩子後，她很多痛很多苦都會受得到、捱得過；

媽媽 － 這一個很美麗很堅強又很偉大的身軀，
所帶給我們的安定和幸福，
又豈是一言兩語可以說得盡、講得清。

媽媽呀媽媽呀，
媽媽們呀媽媽們呀，
願天下很懂愛的每一個媽媽，
都能從孩子裡、家庭中，
享受到滿滿的愛、滿滿的樂！

———————

<< 停一停‧想一想 >>

你在生孩子前和生孩子後的轉變是什麼？除了愛孩子愛家庭外，
會否也分一點愛給自己？

5

Love to Learn , Learn to love

　　很喜歡仔仔學校小二時的教育主題：Love to Learn，Learn to Love（愛學習，學習愛）。在不同的學習範疇，此主題都貫穿其中，令學生們齊齊感受學習之樂而愛學習，並身體力行去學習愛。某個星期六，我和仔仔並他的好朋友仔 M 一起前往理工大學參觀了學校舉行的畫展，當中展出的多幅作品，載滿了孩子們的童真與創意，令人目不暇給，嘆為觀止。誰說孩子一代不如一代？做媽媽的我見到三幅來自我家孩子的作品時，心更感特別驚喜和雀躍。

　　不經不覺，學校開始踏入考試周。對於許多親子來說，這是緊張衝突的日子、是吵吵鬧鬧的日子、是紛擾厭煩的日子、是疲累困倦的日子。部分上班的媽媽，更會特別請假陪太子讀書。效果如何，還得看各人的態度和溝通。至於我，也曾這麼想，只是沒有這樣做，心總覺孩子只是低年級，沒有必要這般緊張。當然最重要的是，我心底實在希望孩子的考試，自己緊張自己溫呢。

　　哈哈，說是容易做時難，第一天考試日放工回家途中，已接到仔仔的電話，問媽媽什麼時候回家。心甜能有個等候媽媽回家的孩子之時，我也不忘問他可有溫溫書、練練琴。怎料他的答案竟然是沒有，再問他做過什麼，他竟說沒什麼好做。「吓……不是吧？」。那一刻我知道我不應如斯放鬆放手。畢竟他年紀尚小，仍極度需要大人的陪伴陪讀。那晚，撐著惺忪的睡眼，我這好媽還是快手快腳地陪著心愛的他努力奮鬥了好一些時間。

第二天，為免仔仔再無無聊聊地過日子，我就趁著午飯時間，走到圖書館，借了一大堆書回家，讓他即或不想溫課內書，也隨時可看看課外書，藉此翱翔在那無邊無際、樂趣盎然、奇妙無窮的廣闊天地。

―――――

<< 停一停・想一想 >>

你會以什麼方式讓孩子愛上學習？

6

錫仔訓練班

由小到大，我都有一個好習慣：幾乎每晚臨睡前，都會和仔仔一起祈禱，並給他一個 Good Night Kiss。如是這樣，仔仔便會有天父的平安及爸媽的祝福伴他入夢，以致他會睡得香甜、睡得安穩。

最近一個月，八歲的仔仔不知從哪裏得來的主意，忽地要將每晚臨睡前的 Good Night Kiss 加碼，說什麼要吻得徹徹底底喎。

哈哈！他的所謂徹徹底底，便是要媽媽執行錫仔由頭到腳的八步曲，之後，他還會每次給一個分數。如果這個媽媽我做得馬馬虎虎不夠好，就要被罰再做過。而有一晚當聽聞媽媽說有些媽媽沒有錫仔女的習慣時，他還說要開個「錫仔訓練班」來將這個繁複的錫仔程序傳授予一眾沒有錫仔習慣的家長呢！

孩子的由衷童言，令人笑破肚皮之餘，卻也滿有智慧點子。家長朋友們，你有睡前「錫仔錫女」的習慣嗎？還是因為要趕功課、趕洗澡、趕刷牙、趕睡覺而忘了這個孩子超級期待的父母擁抱攬錫時刻。

是一步曲也好、八步曲也好，又或是一分鐘也好、五分鐘也好，總之就是要記得做呀。因為從心理學的角度看，這種甜蜜安全自在的感覺，會抹走孩子一天的煩惱、穩定他一整日的情緒，然後讓他帶著這種好好的感覺，睡一個很香的覺，發一個很甜的夢，同時慢慢地儲蓄好一大堆未來面對世界、面對挑戰的能量，讓日後的日子過得更順暢一些、容易一些。

<< 停一停・想一想 >>

當你孩子仍是小學或幼兒階段，
你每一天會與孩子攬攬錫錫嗎？

⑦ 兄弟情深

　　我有一姐一弟，弟弟是家中最小，全家人都很疼他，對他的愛和掛念亦特別多。只是或因男女有別，我和他的溝通總不能像和身在加國的姐姐般暢通無阻。因此，我心總希望：我們的下一代即兩表兄弟可以有更好的溝通。

　　Y比N大一歲零九個月，一年半前，Y大多的時間生活在美國，兩兄弟培養感情就靠一年一度Y訪港時的見面以及N兩歲訪美時近一個月的密集相處。之前，兄弟倆的關係彷如沙漠天氣般早晚不同時熱時冷，又或是一時糖黏豆的嘻哈大笑一時水溝油的各不相讓。總而言之，幾乎每一次見面，都是笑與淚的交織。

　　仔仔五歲的那年，弟弟舉家返港定居，無論是居住環境及學習環境的變遷，Y都經歷了大小不同的波瀾和挑戰，期間與N的相處亦比前多了很多。上星期六晚，Y主動表示想跟我們返教會，N那晚簡直興奮得難以入睡，並雀躍地計劃如何與Y哥哥度過這個特別的星期天。

　　到了星期天，兩兄弟一見面就坐在一起雞啄唔斷。兒童崇拜中，他們顯得積極投入。臨近尾聲，小朋友們要選出下星期六晚感恩讚美的表演詩歌，N提議了「我愛禱告」這首冷門歌。投票時，想不到Y竟在不熟悉的情況下亦投了「我愛禱告」一票，最後這歌因只得兩兄弟的票數而落敗，適逢當日是區議會選舉日，N亦在這特別日子裡經歷了第一次競選投票的失敗。除了環抱著他媽媽我痛哭流涕外，N還嘗試阻止我這媽帶領小朋友們為下星期的活動練

歌練舞呢。至於Ｙ這一次倒是發揮了大哥哥的本色，默默地安慰和守候著這個小弟弟。

然而過了一會兒，兩人又合拍非常地踢足球、吃午飯。期間，你講我笑、吱吱喳喳地連旁人也感受到他們的喜悅和快樂。看著他們，我滿足得很，在正向的管教和聯繫下，這對小兄弟終於慢慢地成熟了，彼此的衝突明顯是愈來愈少，反之相親相愛、互相支持的情況卻是與日俱增。

他倆兄弟間的溫馨相處，令我想起自己和姊弟的小時候。親情嘛，真的要好好刻意地維繫。

―――――

<< 停一停‧想一想 >>

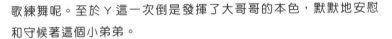

你會如何令同兄弟姊妹的家庭關係更加深多點？

8

孩子的愛人，
愛人的孩子

　　好友的兒子就讀小三，最近靜靜告知媽媽他有愛人了。好友先是驚嚇，後才定神，再問孩子知道愛人的定義否，孩子居然答得出愛人就是 Lover。為了解孩子的所思所想並那愛人是何方神聖，兩母子有以下的對話：

阿媽：阿仔，你的愛人是誰？

阿仔：她叫做 xxx，很美麗的。

阿媽：那讀書好不好？

阿仔：她讀書成績好過我們，很多男仔都喜歡她。

阿媽：那麼你排第幾？

阿仔：我排第三個，之前有人試過在電腦課打字向她示愛被老師罰了。

阿媽：那你有沒有嘗試向她表達？

阿仔：我試過向她說我很喜歡和她玩。

阿媽：那她有什麼反應？

阿仔：她不理睬我！

阿媽：那女仔在你心目中排第幾位？

阿仔：你是否想我說真的？

阿媽：那當然啦！

阿仔：你真是想我說真的嗎？

阿媽：說啦！

阿仔：那我就真的說了，我將她放在第一、媽媽就第二、爸爸就第
　　　三……

阿媽：不是吧，媽媽又給你食給你住、又供書教學，只是排第二？

阿仔：媽媽，你不用生氣，其實我只是今年將她排在第一罷了，明年自然會把你放回第一呢。

阿媽：上年你不是也喜歡一個女仔嗎？

阿仔：嘻，不消提，那個女仔今年不知怎的帶了副藍色眼鏡，醜樣了很多，女仔怎的學人帶藍色眼鏡……

　　哈哈，真欣賞好友對孩子的耐性，不刻意指責、教訓，嘗試安靜聆聽多一點、引領多一點，那麼才會發現孩子的心思意念，並不如大人般複雜可怕。孩子嘛，是小學也好、中學也好，很容易就會愛人。或因那人樣貌不錯、善解人意、成績優異、動靜皆宜等。然而，當慢慢了解下，就會發現那種愛其實不一定是男女朋友的那一種，也不一定是天昏地老的那一種。畢竟現在的資訊發達得太驚人，愛情的事、愛情的歌、愛情的劇或玩意好像無孔不入。在如斯環境影響下，孩子很容易將「喜歡」的感覺放得很大，以為是愛情作怪，於是自然就有其「早熟」但其實不是「很熟」的表現。做大人的，得培養一份關心得來卻又平靜而不大驚小怪的胸懷呢！

―――――

<< 停一停・想一想 >>

當你的孩子告知你他愛上某個同學仔時，你的態度會如何？

9 盼到頸長的生日禮物

　　每年的生日，除了生日飯聚，我這個媽心中最期待的必就是來自仔仔的巧手自製小禮物。今年的生日在星期一，為免仔仔無暇製作，於是在星期日那天，我已事先張揚地提醒他要記得為媽媽準備這份小心意。怎知八歲的仔仔回應竟說屆時會隨隨便便寫幾個字就算。作為媽媽簡直欲哭無淚，莫非孩子每大一歲，就少一片心肝的嗎？

　　生日當天，家人朋友們從四面八方的祝福依然叫我感動。感恩──所愛的人平安，畢竟平淡是福。正如龍應台的《目送》中有這麼一句：「幸福就是，早上揮手說再見的人，晚上又平平常常地回來了，書包丟在同一個角落，臭球鞋塞在同一張椅下。」

　　當天忙完一整天的工作回到家中，仔仔沒有什麼特別的東西送給媽媽，做媽媽的我唯有盡情地表達自己內心的那份失望和期待。但同時也提醒自己，孩子一歲一歲地長大，對媽媽的心肝會逐年逐年地蛻變、縮小，表達的方式會慢慢地不再一樣。原來的痴纏甜心會昇華到另一種的關係溝通，這是親子關係的必經階段。龍應台《目送》中提及的「所謂父女母子一場，只不過意味著，你和他的緣分就是今生今世不斷地在目送他的背影漸行漸遠。」不也帶著這份為人父母子女者的幾許唏噓感慨嗎？

生日後的兩天，或許放不下媽媽那失望的眼神和表情，仔仔在放學後隨即認認真真地預備了一份自製的小禮物，因媽媽七點多還沒放工回家，而他又要去學畫，於是就寫了張字條貼在電腦旁：

Dear Mom，我而徑（已經）做了生日 Gift 給你。請在你的房間裏找把（吧）。 它是一個 Box，上面寫著 For: Mom From: N。 希望你 🖤 吧　　　　　　N 15/9

哈哈，疲倦而繃緊的臉，隨即笑到見牙不見眼。

尋尋覓覓之後，終找到了這份等到頸長的生日禮物，哈哈哈……你猜是什麼？一個用環保紙製成的小盒，內裝了二十多張寫上不同字母的環保碎紙，做媽媽的要想辦法把當中的字母砌成兩句話：Mom，I love you! You are so pretty!

哈哈哈，甜心的話，叫人喜悅，也總不嫌多。

<< 停一停．想一想 >>

孩子在你生日會為你準備什麼嗎？
若有又或是沒有，你的態度會是什麼？

10 為多啦Ａ夢發狂了（一）

剛完成學校有關「恩威並施的管教」家長活動後，回到家中，便面臨一個實際的挑戰。

話說回頭，近日和仔仔去公共圖書館借書，總有多啦Ａ夢的份兒，這套由藤子．不二雄創作的日本卡通漫畫故事系列，在現實的環境中，滲入了許多天馬行空、橫跨古今及飛越未來的創意。內容除了滿有寓意外，卻也有趣惹笑得很。而我們兩母子嘛，就總愛環抱著，一路細細看、一路大聲笑，有時笑到前仆後仰、笑到眼水直標、笑到儀態盡失，總之就是情難自禁。

上星期四，見到同事叫了個麥當當開心樂園餐，隨即獲贈一枝多啦Ａ夢筆加筆座，外型可愛吸引得很。晚上臨睡前的傾心事時間，我不經意地將這消息告訴八歲的仔仔，他兩眼發光，隨即表示自己也想擁有一個。我這個媽媽嘛，那一刻在周公急Call下，就只有唯唯諾諾地說好的。卻沒想到當晚的「枕頭話」，為仔仔帶來了非一般的情緒刺激。

之後的星期二晚，我上完調解課回到家已經十時半，仔仔已上床睡覺，我媽媽開始認真地告訴我和丈夫以下一段小故事：

話說仔仔今天放學後，向公公表示想去麥當當吃開心樂園餐，婆婆卻告訴他已煮了米粉，改天才去。怎料仔仔隨即變臉，大吵大嚷兼涕淚縱橫地要求公公一定要帶他去。或者孫子已很久沒有發過大脾氣，且快速得令公公婆婆全沒招架之力。故縱有滿肚疑團，

他們還是完了他的心願，只是要求他要把整個餐吃完。仔仔認真地答應，並切實地兌現了他的承諾。看到孫子對著那換回來的多啦Ａ夢筆座滿臉幸福，公公婆婆終於明白是什麼一回事。

我一向都看不慣「孩子扭計、大人買嘢」的行徑，因這只會助長孩子的氣焰和脾氣。因此每當仔仔鬧情緒要什麼時，我都不會答應，並告訴他只有態度溫和、安靜表達時才有商量的餘地。否則媽媽會一意孤行，對他不予理會。故此，仔仔小時候試過多次扭計無法得逞後，也就慢慢收起他的哭聲和脾氣，遇有什麼需要就嘗試和媽媽爸爸講道理、談條件。

───────

<< 停一停・想一想 >>

當長輩告知你孩子的問題時，你會如何反應及處理？

⑪ 為多啦Ａ夢發狂了（二）

　　上回提及「仔仔發脾氣得賞賜」的經歷，為免影響深遠，第二晚我快速和孩子進行修補工程：

媽媽：仔仔，聽說你昨晚有些事發生呢？

仔仔：沒有呀！（反應似曾相識）

媽媽：真的沒有嗎？

仔仔：沒有呀！（孩子刻意背著媽媽，顯然在逃避）

媽媽：聽說你發了大脾氣，要求公公婆婆帶你去麥當當，為要得到多啦Ａ夢筆座。（為免孩子繼續躲避，我開門見山）

仔仔：唔。（孩子簡單回答，刻意淡化事件）

媽媽：你覺得這樣做怎麼樣？（開放式提問，以了解孩子所想）

仔仔：唔。（孩子雖知不對，但仍想避而不談）

媽媽：你知道這樣做令公公婆婆很難受嗎？（引導孩子考慮他人感受，而非只顧自己需要）

仔仔：唔。（孩子開始點頭，但眼光仍不敢直視媽媽）

媽媽：仔仔，你須要向公公婆婆道歉呀！

仔仔：唔。（仍是超簡單的答案）

媽媽：你知道媽媽在說什麼嗎？（我終按捺不住怒氣，聲線開始提高）

　　仔仔隨即衝入房關門，我深深地呼了一口氣，心感孩子反叛之時亦提醒自己勿讓怒氣摧毀關係。我輕輕地開了房門，而他就躲在門後。

媽媽：仔仔很怕媽媽罵（我終於記得「同感」這絕招）

仔仔：（哇一聲地大哭起來）

媽媽：（把孩子一擁入懷）仔仔，其實你也很內疚自己發脾氣的行為，但又很怕媽媽責罵，是嗎？

仔仔：（在媽媽懷中不斷點頭）

媽媽：知道嗎？媽媽和你一樣都喜歡多啦A夢筆座，只是媽媽發怒是因仔仔為要筆座而亂發脾氣。（表達同感之後，我嘗試用「我訊息」來表達自己的感受和想法）

仔仔：（仍舊哭泣）

媽媽：其實媽媽很疼你，故更希望你做錯事要承擔，剛才見你逃避也就變得特別緊張。你知道自己做錯了嗎？（強調媽媽的管教是愛他而非處罰他）

仔仔：唔。（答案雖仍簡單，但語氣明顯加強）

媽媽：你要向公公婆婆認錯呢！

仔仔：噢！（輕輕地點頭）

媽媽：一言為定！另多啦A夢筆座暫時由媽媽收藏三天，三天後再給你，以作懲罰。好嗎？

仔仔：（眼淚漸乾的他欣然點頭）

媽媽：日後有需要可和我們商量，我們不答應，自有理由。仔仔要
　　　學習尊重！

仔仔：知道了。（答得爽快利落）

　　孩子主動向婆婆公公認錯後就回復開心吱喳本色，還環抱媽媽
說愛，而我就隨即宣告媽媽有個乖仔仔很快樂。美好關係，不但令
人心甜，更是改變孩子反叛行為的不二法門。

────────

<< 停一停・想一想 >>

當孩子說謊時，你的反應會是什麼？

12

我要跟爸媽

　　弟弟近日在電話中相約我們一家在農曆年一起去三天旅行，只是我和丈夫時間未能配合，於是他提議帶仔仔同行，以便兩個表兄弟可以作伴。我這個媽媽嘛，有假期陪著孩子，當然不想仔仔離開自己，免得屆時牽腸掛肚，於是很快便又拒絕了。待在電話旁的仔仔，知道旅行的機會落了空，臉旦隨即露出失望神情。

　　晚上，躺在床上，和八歲的仔仔談起心事來。我們有了以下的對話：

媽媽：仔仔如果這個新年假期，爸媽不去旅行，你想不想跟著婆
　　　婆、舅舅、舅母及丫哥哥一起去呢？

仔仔：不去了，我想和你們一起去。

媽媽：為什麼？

仔仔：因為我愛你們！

媽媽：那麼如果爸爸不去，只媽媽和你跟著舅舅一家去又如何？
　　　（我故意逗弄，測試一下他心中所想）

仔仔：不，我要爸爸也一起去。

媽媽：為什麼？

仔仔：因為我愛爸爸。

　　仔仔答案來得出乎意料的爽快、直接和肯定。還以為孩子會不介意單獨跟著舅舅等去旅行、重視旅行玩樂多於是否和爸媽一起，但卻原來孩子的心，還是簡單得令人感動。或許是大時大節吧，能

與爸媽同在同行，是孩子最大的喜樂、最深切的期待。這亦提醒我們做大人的，實在要把握時間與孩子好好相處，而不是用很多東西或活動把他們的空間填滿。

《孩子不笨》中有一段感人的小插曲，主人翁 Jerry 很渴望爸爸能觀看自己有份做主角的話劇，只是爸爸卻告訴他時間就是金錢，一個鐘頭能賺多少錢。於是 Jerry 從那天開始就節衣縮食，把零用錢儲起來，到一段日子後他果真儲了一筆可觀的金額，當爸爸奇怪他為何有那麼多錢時，他卻娓娓道來自己儲蓄了很久為要買得起「忙碌爸爸的三小時」，讓爸爸可以在現場觀賞自己的演出。

大人常以為：孩子要讀名校、住大屋、買許多玩具才會開心。卻原來，孩子的心其實很容易滿足。陪伴，與孩子同行同走、同哭同笑，給他平安和樂的家、一個常說愛說笑的家、一個常欣賞肯定的家，他的快樂就會滿溢，然後走起前面的路來，才顯得更穩妥、更自信、更有希望。

———————

<< 停一停・想一想 >>

你知道孩子最愛和你一起做什麼嗎？

⑬ 等待媽媽歸家的孩子

這陣子，為了工作單位的外評，忙到天昏地暗。一星期開足七天工之餘，星期六日還要每天十多個鐘頭，真個是疲憊不堪、有苦自知。晚上九時，收到仔仔打來的電話，問媽媽什麼時候可以回家。我眼前是上司，手中腦中是許多未完的工作，於是直接告訴他媽媽要很晚才回家，起碼都要十一點或十二點。過後不久，仔仔又再來電，我刻意不聽，畢竟實在不忍聽到孩子那失望的聲音……

差不多午夜時分，坐上的士，踏上歸家的路。電話中顯示了十多個的錯過電話。再聽到仔仔的留言：「媽媽，我很掛念你呀！為什麼你不聽我的電話？」一把眼濕濕的顫抖聲，一份等待媽媽歸家的渴求，此刻的我，淚變得不由自主。一踏入家門，仔仔已由房中衝出來，我緊緊地擁著他。再一次，眼淚盈眶，孩子呀，孩子呀，對不起，媽媽叫你久候了。

星期一，知道外評過了關，雀躍興奮，我和孩子活像一對會飛的小鳥般輕鬆自在、快樂無比。星期二，取了假期，與仔仔跟他的夏令班同學一起去麥理浩夫人渡假村旅行。不止一次問仔仔：很多同學都沒有家長陪同，為什麼他想媽媽同行呢。仔仔一而再、再而三，以堅定不移的口吻回答說：我喜歡呀！

是的，孩子喜歡爸媽家長相伴，又何需什麼特別理由。做媽媽的我，就得趁著有空的時候、他還需要我的時候，好好地陪陪他、伴伴他，讓兩母子的快樂滿瀉。

————————

<< 停一停 · 想一想 >>

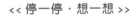
孩子喜歡你陪伴嗎？你會如何發揮最佳陪伴者的角色呢？

14 提醒媽媽

　　某星期六不用上班，得知香港科學園有個大型「科技創新月嘉年華」，於是計劃帶仔仔去見識一下，同時邀請好友 C 和其兒子 M 同行。仔仔聽到能約到好朋友 M 哥哥去玩，即時開心到跳起，一路大開金口唱歌仔，一路大讚媽媽是靚女。雖然能去街街和媽媽是否靚女實在是風馬牛不相及，但我這被讚的媽媽也就不理三七二十一地哈哈大笑樂於接受。

　　準備更衣，看見仔仔的 Mr.Happy 外套有點皺，於是打算熨一熨。仔仔知道媽媽要熨他這件「超級鐘意外套」，深怕媽媽會熨壞，於是第一個反應是叫媽媽不用熨。再聽到媽媽說只熨少許時，他就竟然「提醒媽媽」不要熨壞。我這個媽媽聽到小童兒子的提醒字眼，實在刺耳得很。但因想要專心熨好這件衫，便只輕輕「哈」了一句，再待稍後才考究仔仔是從哪裏學到這種口吻。

　　正在小心翼翼之際，我開始奇怪怎麼該件外套愈熨愈污穢。丈夫經過，即時告知我熨散了外套的字樣，吓……怪不得！聽到媽媽在房內大叫，仔仔隨即查看，如他所料，沒有多少熨衫經驗的媽媽果然熨壞了他的「至愛外套」。嘻哈的笑臉隨即換上生氣的哭臉，同時不由分說地大聲指責媽媽不理勸告。

　　除了說對不起和對他表達同感外，我亦隨即嘗試補救。仔仔見媽媽所說所行，心情開始平靜下來，但出門時仍舊嘴歪歪的不太愉

快。一路上，我開始告訴仔仔要學習原諒人，畢竟媽媽不是故意熨壞他的外套，外套既是媽媽所買，媽媽和他一樣，亦是超級喜歡它呀。熨壞了，媽媽的心情亦不好受，但也沒辦法。不如意的事總會有，我們都要學習去接受，且要嘗試著眼於更多其他的開心事。

或許想起今早媽媽給他看過「一封一位母親從天國寄給其女兒的信」，再想到即將見到的好朋友仔，仔仔開始漸見寬容，還主動緊緊拖著媽媽的手，走上愉快興奮的科學園之旅，做回一個快樂小孩。

———

<< 停一停．想一想 >>

當孩子怪責你做錯事時，你的反應會是什麼？

⑮ 運動會的贏和輸（一）

　　今年一月二十日是仔仔學校運動會，每年的這個時候，不但仔仔特別期待，做他媽的我亦特別興奮。因為這一天我可以看見孩子在學校的另一副面孔，可以認識他的很多可愛同學仔，更可以和一些熟悉的媽媽們聚首一堂，大傾特傾，這是繁忙生活裏的另一種享受。

　　仔仔雖然不再是學校的田徑隊，但他對跑步比賽還是挺熱愛的。今年他報了六十米短跑，又被揀選為班際的 4×100 米接力賽選手，故此他為此事緊張了好一些日子，甚至告訴媽媽很希望拿獎牌。在運動日前的好幾天，為能發揮得好一些，他特別要求爸媽輪流抽時間陪他往樓下的空地去練習。其認真之心亦令我們做大人的不敢怠慢。當晚，由於天文台說翌日會有雨，我們在臨睡前亦為此事獻上禱告，盼望一切的賽事能順利如期地進行。

　　運動日當天，我一早起床，替仔仔準備了愛心炒飯做午餐，然後兩母子吃完早餐後便悠然地拖著手仔上路去。早晨的空氣特別清新怡人，天空倒是有些陰陰沉沉的想下雨。一路上，行人匆匆忙忙地趕著上班上學。但見一對對親子，像我們一樣，溫馨地拖著手仔從不同的角落，向著同一個方向前進——那一幅畫面實在美麗，而我內心的感覺更是妙不可言。人說，幸福不就是這麼一回事——上天給你相伴相愛、相顧相惜、同行同走的人。

　　去到運動場，仔仔與同學們相見後，興奮地吱吱喳喳，不記得媽媽了。哈哈，做媽媽的唯有自找朋友另闢地方繼續說說笑笑。

15

這時候，望向天空，忽見太陽伯伯已經排除萬難地探出頭來，天氣亦變得和暖得很。比起早半個小時前的陰沉及早兩天十度的陰涼，今天是更適合進行運動會呢。我深知這是上天的恩典眷顧。

———————

<< 停一停·想一想 >>

你會盡力抽空出席孩子的運動會嗎？

16

運動會的贏和輸（二）

　　前一篇提及學校的運動日，終於等到仔仔開跑了，現場見他好拼勁地跑呀跑，做媽媽的我在觀眾台就大力地叫呀叫，哇！他居然在媽媽想也未想過的情況下跑了個第二，順利入了決賽，原來可以在場見証到他盡力衝刺的一刻簡直可以令媽媽快樂滿分。

　　及後我發現自己忘了帶今早的愛心炒飯而回家去取，怎知一來一回的半小時之間竟錯過了孩子的總決賽。他沮喪地告訴媽媽，不看也罷，因為他跑了個第七，即尾二。吓……跟著不久，我又因和另外兩位家長出外吃半小時午飯而錯過了他的 4x100 接力賽，仔仔的那一班最後跑了個第五，即包尾。唉，原來學校預計的賽事時間表實在不太正確，特別請假看仔仔比賽的我竟錯過了兩個至重要的時刻。之前活潑跳躍的他，情緒明顯低落了。相不想影了、話不想說了，一直掛在臉上的笑容也不見了，雖然他仍強忍著眼淚，但全身皆透著鬱鬱不歡的氣息。

　　及後我借了一位家長的攝錄片段來看，知道仔仔那一班四個都不是田徑校隊，在開始的頭幾棒已明顯落後，去到他的最後一棒，也就無力力挽狂瀾。我的內心，一點都沒有因仔仔跑最後而不快，倒是因為沒能現場感受他的無奈和失敗感並即場給他攬抱而自責。

　　回程中，沒有了今早的興奮，仔仔只是默默地拖著媽媽的手走路。那一刻，他的無奈、他的低落，我就只能嘗試去體會，靜靜地相伴、同行。一踏入家的門口，他就將那按捺了很久的不快全然地釋放、大大聲地哭了好幾場，先是伏在媽媽以及婆婆的懷中，再在

自己房的被窩內，我們亦順著他的意讓他好好地哭一哭、靜一靜。之後，我發現他哭累了就趴在床上睡著了。

　　真好，孩子能懂得失敗的感覺，有哭的能力、有哭的空間。安靜睡過後，他總會發現：新的一天又會開始，人生的賽事多的是，沒有永遠的失敗、沒有永遠的成功。跌倒後再起來，只是生命的磨練。凡事只要盡力而為，盡情享受每個過程，投入每個挑戰，原來已經很過癮。成與敗、得與失，又何須掛齒。

<< 停一停．想一想 >>

當孩子面對失敗時會有什麼反應？
你會以什麼方式面對和處理？

17 孩子愛唱歌

　　仔仔出生以來，便接觸很多兒歌和聖詩，故此他對音樂的拍子感和觸覺感都顯得特別強烈。他媽媽我刻意安排他參與兒童合唱團，亦因此令他愛上了載歌載舞的音樂劇。

　　升上小一，因怕羞和膽怯，仔仔拒絕加入學校合唱團。我唯有發揮阿媽本色，嘗試帶他入場觀賞學校的年度音樂會。看後他開始後悔，至升上小二在我的著意提醒下才主動要求加入。孩子就是這樣，有自己的想法，卻亦受身邊人的影響。時間未到，逼也逼不來；時間到了，稍稍推一推已能成事。

　　在我眼中，仔仔絕對是音樂的熱愛者，常常什麼都唱一餐。而加入合唱團後，不只熱心參與練習，還常將團內的練習曲帶回家，日唱夜又唱，搞到即或喜愛音樂的婆婆和媽媽有時也會禁不住笑他點點煩。

　　仔仔三年級的音樂會被安排在六月尾舉行，是次他的參與比前多。不但唱合唱團，還被揀選演出英語音樂劇《綠野仙蹤》的「小靈猴」一角。由下學期的三月開始，除了上學，仔仔便馬不停蹄地排練，當中所花的精力和時間，可謂少一些堅持都難成事。

　　日夜排練，終於等到年度音樂會的大日子，我們一家現身支持。台上的表演精彩絕倫、一絲不苟，音樂劇每個角色均表現出色到位、流暢自然。做主角的幾個同學更是由頭帶到尾，唱得跳得看得講得做得。想起我聽了數十次的主題曲「I am going home」仍

無法記下歌詞，心就不得不佩服這一群未來主人翁的超能力。

　　謝幕時，一個個台前幕後的功臣活現眼前，掌聲此起彼落、久久不散。　看到百人叢中的仔仔，我的心又激動又興奮。事後問仔仔，為了只講一個「呀」字對白並只唱三首歌小角色的表演辛苦了三個多月，下年還會參加嗎？「當然會啦！」。答案來得乾脆俐落、義無反顧。

　　孩子的智慧，果然勝過大人的計算。沒有辛勤的栽種，又豈有收成的快樂。雖然收成的快樂只是頃刻之間，但參與的種種感覺體驗不但會叫他回味無窮，所學到的一切更是受用終生。

———————

<< 停一停・想一想 >>

你會如何發掘及推動孩子去追尋他喜愛的興趣？

18 媽媽和女性朋友的分別

　　好友的兒子小 Z 十一歲，正值青春期，由於愛吃且吃得多，身段有些胖，外人看起來怪可愛的。他爸媽卻心焦如焚，擔心孩子的體重直線上升之時，健康也每況愈下。於是發揮日哦夜哦本色。每天吃飯時段，都叮囑他要多運動、少吃飯，吃飯時更要多菜少肉、只飲水戒飲汽水，然而說還說，兒子還是左耳入、右耳出，情況就像拉牛上樹。

　　然這個星期，好友發覺小 Z 減肥的意識強了很多。不但主動和媽媽說要將晚飯量由兩碗減至一碗、茶點不吃麵包吃生果外，還積極提出和爸爸打籃球。好友奇怪有什麼人能有如斯魅力，激發孩子的減肥心。以下親子對話開始有了端倪：

Z 媽：小 Z，你最近真是很積極減肥呀！

小 Z：是呀，有朋友叫我減肥嘛。

Z 媽：那之前媽媽叫你減，你怎樣又不太聽呢？

小 Z：朋友講有些不同嘛。

Z 媽：那是什麼朋友來的？

小 Z： 那是女……性朋友（說起來有些尷尬）

Z 媽：原來媽媽和女性朋友會有分別的。 那現在你還愛不愛媽媽？
　　　（媽媽故意逗他）

小 Z：愛，但不是最愛……（孩子坦白得很）

Z 媽：吓，那你最愛的人是誰？

小Z：我最愛的人我暫時還未想到，應該不是媽媽。因為我將來會
　　　有老婆仔女的嘛，最愛的人應是老婆仔女呢。（孩子的早熟
　　　應否歸功於社會的教化？）

Z媽：吓……（做媽媽的心隨即冷了一大截，樣子顯得很傷感）

小Z：好啦好啦，我最愛的人是你了。（不忍見到媽媽的苦樣子，
　　　以帶點施捨憐憫的態度說）

　　　做孩子的，還是很愛媽媽的，畢竟他還很在乎媽媽的感受。那
刻的Z媽，簡直哭笑不得。雖然聽起來，有點接受不到，但想深
一層，我們自己不也是愛孩子丈夫的心強過愛爸媽嗎？做爸媽的
偉大，就在於那份與生俱來「付出不求回報」、「耕耘不問收穫」
的無私奉獻與施予。

　　　世上只有爸媽好……這刻，我心想：愛孩子之時，愛爸媽的心
是否應該要再加多一點？

————

<< 停一停．想一想 >>

當孩子說他最愛不是你時，你的反應會是什麼？

19 吃奇異果和錫媽媽有什麼關係

　　十一歲的仔仔不喜歡吃奇異果，媽媽做了一大碗愛心沙律，他一下子就吃完了，只剩下粒粒奇異果，於是做媽媽的我又開始發揮「依依哦哦」本色，和仔仔 Chit Chit 又 Chat Chat 一番：

媽媽：仔仔，你知不知道奇異果很有益，很多維他命 C 的呢。（尾音故意拖長）

仔仔：當然知啦……（表現有些不耐煩，彷彿知道媽媽又要講道理）

媽媽：那為什麼不吃呢？（尾音拖長再加變調，和他玩一番）

仔仔：因為我不喜歡。（答得直直接接、乾脆又利落，沒有一點轉圜的餘地）

媽媽：仔仔，知道嗎？有時有些東西，如果是好的，即或不太喜歡也都要做的……（環抱著他，刻意讓他感受到媽媽的關愛而非煩擾）

仔仔：……？（望著媽媽，帶點一頭疑團，似明非明）

媽媽：就像你媽媽我將來老了、皮皺了、不再可愛了，莫非你就不錫媽媽，不和媽媽飲茶吃飯了嗎？（哈哈……打蛇隨棍上，雖然有點牽強，但亦不失為引導仔仔要孝順的比喻。）

仔仔：阿媽媽呀，錫媽媽就是人人都知啦，但這和吃奇異果有什麼關係？

媽媽：……？（想真點仔仔又說得沒錯）

　　對著這個牙尖嘴利卻蠻有道理的孩子，我這個媽媽隨即啞口無言，然後便是心甜的哈哈大笑是也，原來轉念和轉臉可以發生在一秒之間。

――――――

<< 停一停・想一想 >>

當孩子不喜歡吃某種蔬果時，你會怎樣處理？

⓾ 戇爸的智慧

小六的仔仔剛考完試,為慶祝父親節,我們一家三口進了久違的戲院,看了一套令人又哭又笑的韓劇——《戇爸的禮物》。

劇中的爸爸只有六歲的智慧,沒有討好的外型、沒有令人艷羨的學識、沒有足夠滿足孩子的金錢。他與六歲的女兒相依為命,傻頭傻腦的其貌不揚,但內心的那份單純無偽,常常與女兒攬攬錫錫、嬉笑玩樂,也會叮囑女兒多吃菜,又會讓女兒分享一些家務,愛女的心時刻溢於言表。至於女兒嘛,精靈活潑、漂亮可愛,疼極這個爸爸,不但常討爸爸歡心,也會與爸爸同說同玩同樂同做家中事。及後爸爸因被人誤告身陷囹圄,然他的純真卻感動不少獄警及獄友去幫他,令父女能在獄中相處一段難忘日子……最後這爸雖然逃不過死刑,但卻贏盡了女兒及眾獄友的心——為他的冤獄作出平反。

現代的家長,很多都很精明、學識很高、外型時尚,更願意花數千元為未成年子女買智能電話、電子產品,報讀培訓班,但親子有時卻少了一份傻氣、一份嬉笑玩樂,並攬攬錫錫,讚賞肯定的童心。於是許多愛是付出了,但做子女卻總是收不到,回饋給父母的常是不盡的要求和投訴,父母做不到便說父母不愛他。做父母除了感到無奈不值之時,還可以做什麼?

看完「戇爸」這故事後,大家可會考慮回歸到親子教子的基本步?

　　至於我家的仔仔，當天的父親節也給其父親大人送上一張簡簡單單、有點「兒嬉」的父親節卡，作為父親節的禮物。他的爸爸一向要求不多，對此已深感滿足，如他所言，他知道孩子很忙沒時間。 這個爸爸，像許多港爸一樣，是個平平凡凡的中年男人，有個廣大無比的容人大胸襟，淡定可靠得來又永遠懷抱，仔仔愛爸之因相信就在於此。

　　孩子的愛嘛，總是最真最純的呢！

────────

<< 停一停‧想一想 >>

你覺得孩子心底往往最在乎父母是什麼嗎？
你會有這份特大胸襟嗎？

21

捨不得畢業

　　光陰似箭，踏入六年級，仔仔的日子過得忙碌充實。為申請中學、為日常的功課測驗考試、為課外活動、為 Final Year Project、為年度音樂會等事忙。在不少夜闌人靜的晚上，仔仔都會告訴媽媽，他捨不得畢業。說著說著，時光飛逝，畢業禮這一天終於臨到了，再見到尊敬的校長老師們、熟悉的家長們及孩子們，我的心感到不一樣的興奮和感動。

　　看到螢光幕上六年前的小人兒已慢慢地長成獨立自主的青少年、看到孩子們感謝父母身邊家人愛的感言、看到他們一起快樂成長的片段、聽到他們對理想追求的歌聲、想起我們曾一起度過的許多個日和夜，我的淚開始按捺不住地徐徐而下，而我亦發覺拭淚的又何只我一個。

　　感謝上天，讓仔仔能就讀這一所當日在他媽媽我心中只是第三志願的學校，感謝丈夫的提醒叫我順服從上而來的帶領，感謝學校校長、老師以及義工家長們有愛心有智慧的教導引領，並所給予的胸襟、空間和祝福，感謝每一個協助孩子成長的家人、朋友……

　　孩子，請你記住這一刻，

　　同學們那張純真無邪的笑臉，

　　校長老師們循循的教導鼓勵，

　　家長們無盡不變的陪伴祝福，

　　上帝默默無聲的慈愛眷佑；

再擁抱一份努力克服困難的勇氣，

主動積極的學習態度，

不卑不亢的修養氣度，

愛上帝愛人愛己的心腸，

這些全是生命中最寶貴的資產，

能陪伴你走未來未知的人生路。

────────

<< 停一停・想一想 >>

孩子踏上不同的階段時，
你會以什麼態度去給予陪伴和支持？

22 被取消資格之後

　　仔仔很喜歡唱歌，從小參加合唱團，升中後，合唱團更成了他主要的課外活動。近日學校音樂節，每星期有幾天放學後就忙著練練練、唱唱唱，我這媽媽深深感受到學校合唱團隊的勤力和認真，心雖有點兒擔心他辛苦，但口卻也不敢揚聲，就只會為他加油，古語有謂：吃得苦中苦，方為人上人。何況中二的孩子能那麼享受投入一項團隊的事工實在是一件很美麗的事。

　　上個星期六是參賽日，我放工後和他吃晚飯閒聊，得知他們學校那隊在合唱比賽中因某同學不小心犯了個小過失致使無法爭取到任何名次。於整隊而言，那是一大打擊。聽說：他們唱得很好，歌聲很能牽動人心，且很有機會拿取冠軍。消息宣佈後，全隊的男孩有不少都哭了，最初我還擔心那位大意的同學會成為眾矢之的，怎料仔仔的答話令我感到驚訝和感動。「其實也不能怪他，因為我們每個人都有責任提他。況且我們所有人都已努力做到最好，但有時不經意地忘了些小事卻也原來是很重要的事。」是的，人說掛萬漏一就是這麼一回事。

　　超級欣賞學校校長、老師帶領同學處理事情的角度和氣度，讓孩子們知道：一起參賽，就有一起承擔結果的勇氣。每個人雖角色不同、崗位不同，卻又是缺一不可。是勝、是敗、是出局，有獎或無獎都是共同的責任擔當，共同的成長歷程；一起檢討、一起流淚後又會變成一隊更好的團隊，然後再迎戰更多的比賽、共闖更多的高峰。

現代人嘛，抱怨、惱恨、投訴都很容易，但齊齊包容、共同承擔、榮辱與共的氣度卻買少見少。這一次「比賽被取消資格」的事件後，卻讓我對孩子和學校有如斯一份驚喜的大發現。

————————

<< 停一停・想一想 >>

假如孩子告知你他所發生的不快事，
你會如何與他分擔？

23 一個給媽媽一分的男孩 和 一個幫媽媽拿環保袋的少年

　　電視機裏的媽媽，用很多錢將八歲的孩子送去補習、去興趣班，另亦花了不少時間去督促孩子做這做那，激氣時甚至會忍不住地又罵又打。心怕的是孩子會輸在起跑線、中途賽，趕不上學習的進度之餘，會慢慢變成一個沒有出息的孩子。媽媽這份愛子心腸，是多麼的真摯、多麼的偉大。然電視機裏的孩子，對媽媽的愛卻大部分都未能收取到，給媽媽打的分數只是十分裏的一分。孩子很怕媽媽，亦不怎愛媽媽。我們都不知孩子能否因媽媽的行動而在學習上加到分，但親子關係上所失的分數卻是顯而易見，這種付出和收入實在不成正比。不值、不值、不值，是超級的不值啊！這條看似簡單易計的人生數學題，許多的爸媽還是計錯做錯而不自知。如此下去的話，孩子青春期與爸媽的衝突或會變得更多更大。

　　至於我的仔仔嘛，踏入中二後，高過媽媽半個頭了，有時會對媽媽的話感到煩燥，又或是靜悄悄的不作任何回應；媽媽回家，不再衝出來迎接，甚至連說 Hi 一聲也就罷了，母親節連什麼卡什麼東西也不太刻意預備了，過去那 Sweetie Pie 樣子少見了，媽媽有時真的有點傷感。

　　但每當見到媽媽不快時，這仔仔還是會自動自覺地敞開他的懷抱給媽媽一點溫暖；當媽媽拿著沉重的環保袋時，還是自自然然地取過袋子背上肩頭，不會嫌棄它的老土、它的娘炳；當媽媽致電想他接放工幫手拿物資時，他仍會不嫌煩擾二話不說地變成好 Man 的 Little Man。或許正如他所說，他對媽媽的疼愛是實實在在的，

沒有什麼花巧裝飾。男孩子嘛,這份同行同走的甜味,有時是在夜闌人靜的一刻,才在媽媽的內心深處慢慢地滲出來!

親子關係的分數嘛,是靠從小彼此好好相處儲下來的。這分數儲多了才能減少孩子青春期臨到時對家長的衝擊。

————

<< 停一停・想一想 >>

如邀請孩子為你打分,你會想像他會為你打多少分?
你敢做這個動作嗎?

㉔ 母子的十年前，十年後

十年前，你的高度只及媽媽的腰枝，
十年後，媽媽的高度剛過你的頸項；

十年前，你緊緊拖著媽媽的手走路，
十年後，你只會平排一字地陪媽媽走路；

十年前，是媽媽安排節目給你，
十年後，是你安排節目給自己；

十年前，是你期待媽媽帶你去玩，
十年後，是媽媽期待你同媽媽去玩；

十年前，是你催促媽媽快點歸家，
十年後，是媽媽催促你快點歸家；

十年前，是你吱吱喳喳地和媽媽說話，
十年後，是媽媽吱吱喳喳地引你說話；

十年前，是你叮囑媽媽早點睡覺，
十年後，是媽媽叮囑你早點睡覺；

十年前，媽媽是你的全世界，
十年後，同學朋友是你的全世界；

十年前，你不願像大雄般想跟人換媽媽，
十年後，你仍舊慶幸有我這麼一個媽媽；

十年前，你對媽媽的愛會宣之於口，
十年後，你對媽媽的愛會埋藏在心；

還好，這份親愛，仍深仍厚，
慢慢細察，內心仍會感受得到。

知道：過去相處相伴齊食齊玩的日子不會白費，
相信：這亦源自上天給我們的恩典和恩惠。

―――――――

<< 停一停．想一想 >>

作為家長，你會如何調適孩子不同階段的轉變？

25 偶而遇上的驚喜

你聽過這樣的一個故事嗎？

十四、五歲的他，無心向學、粗口爛舌，遲到早退逃學樣樣有，打架食煙欺凌恐嚇都試齊，上過警局見阿 SIR 亦屬等閒事，對著學校高層更是面無懼色、大言不慚，好一個令老師叫苦、令家長心碎、令社工流淚的少年。他眼中的好友同學仔，還有不少和他一樣。

你或許會認為他將來一定會是社會的敗類，常常出入警局甚至多數在監倉過日子？又或是朝不保夕、生活無以為繼，成為社會的寄生蟲吧？

感謝上天，讓我在太子警局附近的一間餐廳門口遇見他——這一個我曾經很心疼、流淚、掛念的學生。他依舊青春的臉孔，已留了點鬍子，變得很踏實、很有禮貌，原來他是這間餐廳的老闆，另還有一些其他的生意，有個很穩定的女朋友；哈哈哈，還買了樓，做了一些這年代惹人羨慕的事，他告訴我爸爸媽媽終於可以活得無憂無慮了。

原來他二十五歲了，因著當年的一些特別經歷、爸爸媽媽不離不棄的愛、社工老師的鼓勵提醒與機會，還有大大小小朋友仔的協助，更重要是自我不斷的反省反思，他回轉了。相信過程一點都不容易，但他不但回轉且很成功地找到屬於自己的創業路，更難得的是懷著一份感恩的心。

　　見到他，還有那一句「真心感謝你以前對我的悉心栽培」，他還說我之前更曾替他補過習呢。真的嗎？說實在，過往有些細節真的忘了，但聽到他的由衷之言，內心那份感動、激動卻是久久不去。

　　此時此刻，想起一些現在仍舊因孩子的不乖而勞氣的家長們，就讓我們繼續找出適當的方法去施肥、灌溉吧，相信這愛的過程一定不會白費。只要讓他們慢慢感受到，那他們一定會有好起來的一天。

————

<< 停一停・想一想 >>

面對孩子反叛難教時，
你會以什麼方法去感動他使他回轉？

26 能說對不起，真好……

　　我這個社工媽媽，請過不少很有烹飪天分的好媽爸做活動的義務導師。該是偷了不少師、儲了不少經驗吧。哈哈，也不知是沒有天分，還是上課時不是忙這，就是忙那，總覺得我的廚藝沒有什麼進步。仔仔小的時候還懂得欣賞媽媽的心血、讚好媽媽的東西。現在這個青春期的中二大男孩嘛，就有碗話碗、有碟話碟的全無修飾，直刺到媽媽的心內，雖沒血出卻有淚流。

　　某一天的早上，我知道仔仔不用上學，就匆匆忙忙地做了一個蕃茄海帶紅薯粉，好讓他吃個營養早餐。放工回家，吃飯桌上，問他有無吃媽媽的愛心早餐，怎料他忽地大聲地說：「媽媽你煮的早餐很難吃呀！你以後不要再做那些難吃的早餐了！」我於是想提醒他一些道理時，他又再繼續說：「你可不可以不要社工上身呀？」那一刻，沒想到他那麼煩燥，我內心亦變得很惱怒。只是不想和他爭辯，吃過晚飯，我不發一言地洗澡去也。

　　洗澡途中，想起自己的付出竟換來孩子不懂珍惜及不禮貌的對待，想起好友得了惡疾後其女兒的不聞不問，忽地感受到做媽媽的辛酸無奈。淚，自自然然地流個不止。之後，為免情緒爆發，我八點半就告訴仔仔媽媽不舒服要上床睡覺了。

　　過了不多久，經過爸爸的勸導，仔仔竟然進入媽媽的房，睡在媽媽旁，環抱著媽媽，說對不起，之後還跟著媽媽一起流淚。那份真摯愧疚，是我始料不及，直把媽媽的心融化。

謝謝你，好孩子，能說對不起……真好！

孩子，你永遠是媽媽的心肝兒。無論做錯什麼，只要你肯說對不起，媽媽一定會原諒你。這是我由小到大對孩子的承諾，也是從聖經而來的智慧教導。

<< 停一停·想一想 >>

當孩子做事激怒你時，你會如何處理？

得到的效果又是怎樣的？

㉗ 一本載著愛的簿

　　很多媽媽都告訴我，青春期的孩子很難頂。很想和他溝通，他卻只愛和手機電腦溝通；很想見他多幾面，而他卻只愛躲在自己的房間做宅男宅女；對著朋友的樣子笑口盈盈，對著父母卻會板起包公面、黑口黑面；關心問候他十句，他卻只愛回「哦、唔」的一個字甚至連一個字都沒有；WhatsApp 訊息嘛，也往往只讀不回；你想請他做事他就有心無力，而他向你取零用錢卻是精神奕奕……

　　這樣的孩子，很惹火，尤其當爸媽很疲累的時候、很緊張他的時候、又或是很心煩的時候。這股小小火頭一被點著，可以一發不可收拾。用口說話是很多家長愛用的方法，同一番話，一次不聽，就說兩次、三次甚至很多次。總之就不停說，務求說到他聽為止。殊不知，那青春的孩子，不聽就不聽，耐性好一點的就當你唱歌仔，耐性不好的就嫌你煩，同你大吵大鬧一番，甚至威脅要生要死。家長那時多麼想有股超能力，把這反叛的孩子變回一堆小小的粉團，塞回自己的肚子內當無生過。

　　或許我喜愛寫東西，在我孩子的身上，我就發覺媽媽的字比媽媽的話來得更有力、有用。每當孩子的態度變差、每當孩子的行為過份，我寧願退避三舍，躲在家中的某個角落，寫點東西給我很愛的他。

　　這是一本載著愛的簿。簿內，我每次的稱呼都會是親愛的好仔仔，每次的自我署名都是永遠愛你的媽媽。這是我由衷的感受、亦是另類的催眠。此外，中間所寫的都是我的想法、我的感受、我

的期望。在我內心的深處，會相信：只要把媽媽那份真切、貼心的愛，不帶任何扭曲、任何誤解地傳達予孩子，孩子在感受到後，就會慢慢地轉變，而且會愈變愈好。

你會相信嗎？不信，你可試試看……

————————

<< 停一停‧想一想 >>

> 你愛寫東西給孩子嗎？
> 你相信有時文字的改變力量會大過語言嗎？

28 一個婆婆公公幫手湊大的孩子

　　香港有很多孩子都是由工人姐姐幫手湊大，而這些姐姐很多都很專業、很善良，但卻不是每個人都有幸遇到。即或好的，也很多時候只維持三數年，難以長久。

　　而我，一直都很想孩子能和公公婆婆保持著緊密的關係，而這份緊密關係往往需要靠賴他們天天的相見、時刻的照顧。可幸的是，孩子出生的頭八年，我的爸爸媽媽都很精靈活潑，於是他們日間會來我家，一個主打貼身照顧，另一個主打在外購物，齊齊陪伴孩子，也因著他們的盡心盡力，孩子才可健康快樂地成長。

　　這十六歲的孩子，對著媽媽有時會缺乏耐性，但對著公公婆婆卻是耐性十足。縱然公公的話速是慢了幾十拍，婆婆的話語總是重覆又重覆，但他還是必恭必敬地禮貌回應。有時他忙到無時間，但一談到要和公公婆婆飲茶，他就怎都會盡量抽時間。和婆婆一起走的時間，他的手總是拖著她的手，緊緊的、慢慢的，陪著她走，令到這個含辛茹苦湊大孫子的婆婆喜上眉梢、樂上心頭。

　　這一天，我去探媽媽，她很驚喜地告知我一個驚天大發現。原來去美國交流十天的孩子，居然寄了一張有美國夜景的明信片給公公婆婆，內有幾行短短的字：「婆婆公公，這是美國的明信片，你們的孫過得很好呢，希望你們喜歡吧」。婆婆初時不知這是啥來的怪件，但一見到自稱是「乖孫」的孩子署名，就已開心到飛上天花板，笑到見牙不見眼。

　　而我和丈夫嘛，也幸運地收到孩子的飛鴿傳信片，信片上是那少到不能再少的三個字：「I LOVE U」。真的簡而精到無朋友。哈哈，做媽媽的我，臉上忍不住噴出一陣哈哈哈的甜笑，心底內卻亦隱隱透著絲絲點點的酸溜味。

　　這個媽媽婆婆，有女兒疼覺得幸福，但有孫子疼就更覺幸福百千倍。

―――――

<< 停一停‧想一想 >>

你會如何看待你的父母？
你會鼓勵孩子與他們建立關係嗎？

29 撐著枴杖的老爸

家中的梳化仍新，只是一邊座位的彈簧老化，為免地球多一件廢物，於是很想找個可翻新梳化的人，然互聯網的世界茫茫，有點頭痕，這時我想起我老爸—— 一個曾經很會翻新梳化的師傅。

這個師傅，七十歲時，並不覺得自己老，還喜歡拿著一大堆工具到處幫人修理梳化，他的手藝很好，做事會盡心盡力，光顧過他的人都會讚他，有時甚至會以口相傳地把他介紹給朋友，也因此，他的生意一向都不缺。只是他清楚知道，他不會接多，他的主要使命是做他女兒我孩子的公公。

這個公公，對自己很節儉，但對孫兒卻會很捨得。那時他主力負責買菜買日常用品，但他不是走路去買，而是愛踩著單車去買。一個七十歲的公公踩著單車買菜的樣子你見過嗎？如有，可能就是他。或許因為他自小離開泰國家人被逼在大陸長大卻又成了當年少有的大學生，或許因為他曾活在政治鬥爭很劇烈的年代卻仍屹立不倒，或許因為他雖為大陸幹部卻仍為兒為女來港做不同的辛苦工，練就了多樣的手藝……所以我不曾懷疑過爸爸。

這個爸爸，自從一次踩單車買菜撞柱的意外後，他的身體就突然變差。聽說是小型中風，腦退化，不單是說話的能力，連活動的能力也忽地變慢了，而且是慢了很多。看著他康復後撐著枴杖的樣子，我知道爸爸真的老了。這陣子，每次去探他，他第一句總是問：YB呢？縱然孩子已是十五歲不再是 B 了，他仍喜歡叫他做YB。他每天的節目是看電視，撐著枴杖在樓下行下坐下再上樓，問他悶嗎？他會答都是這樣的了。平平淡淡的，不怨天、不尤人。

約他去飲茶、食個包，又或是食下 Pizza，飲下奶茶，問他開心嗎，他口說差不多啦，但我卻感受到他的滿足、他的快樂。

伴著撐著枴杖的他回家，他卻只讓我送到樓下，不想我多走，那份疼愛我不想多煩我的心依然。他蹣跚走路的身影背後，藏著的是一份樂天知命的智慧，一份對兒女付出而不渴求回報的深愛。

就是因著他這份淡淡而無壓力的愛，令女兒我在他去世後仍時不時掛念他。

———————

<< 停一停·想一想 >>

你感受到父母的愛嗎？
你會想到回饋嗎？

30

一起去飛

　　孩子的暑假，是一年內最悠長、最無憂的時間，也是家庭旅行的黃金期。然而我所服務機構的政策，前線的同工是不可以在暑假取年假去旅行的，於是我這個社工媽媽每年都要想盡辦法，令仔仔的暑假過得充實、過得豐盛、過得快樂。

　　之前的暑期，我會為仔仔安排一些日營啦、宿營啦、欖球啦、攀石啦、乘風航啦、釣墨魚啦、去主題公園啦、跟教會去窮遊啦、跟學校去交流啦…… 總之，就是要與上學的模式不太一樣，務求讓他在慢活的時間以外，亦有不一樣的體驗、不一樣的領受。

　　今年，仔仔踏入十六歲，暑期活動嘛，就自己安排而不再假手於媽媽了。參加學校的海外合唱團之旅啦、去美國國際交流活動啦、香港聯校同學活動啦，還有許多場的朋友仔約會以及飯局啦……一連串的節目已叫他忙得不可交加，我這個在職媽，終於不用再憂心孩子的暑假怎樣過了。

　　原本不打算安排家庭旅行，但因著姐姐從加國回港，而今年仔仔的開學日又延至九月三日，我們就在臨急臨忙之間安排了這一個短途的四天三夜台灣之旅。這個三加一的家庭旅行組合還是第一次，行程輕鬆又緊湊，我這媽的內心實在充滿期待呢。

　　趁著孩子還願意和我們去飛時，我們就盡量安排；趁著孩子還盼望和我們共度時，我們就盡量去陪伴和配合，這是我做媽媽的理念和宗旨。親子之間的愛嘛，就是需要這樣從小到大、從早到晚、從歲首到年終、點點滴滴地累積、儲蓄。

<< 停一停・想一想 >>

你會和孩子去旅行嗎？你會如何藉著旅行去建立你們的關係？

找智慧的媽媽

發 行	聯合新零售（香港）有限公司
地 址	香港荃灣德士古道 2 2 0 - 2 4 8 號荃灣工業中心 1 6 樓
電 話	2150 2100
傳 真	2407 3062
訂購及查詢	constancehy@yahoo.com.hk
版 次	二零二四年六月初版
國際書號	978-988-70513-0-5
圖書分類	親子相處 / 教養心得
定 價	港幣 123 元
作者及編輯	韓曄 Constance
圖 畫	作者之仔仔 N (100幅) , Ron So (2幅), 李約羚 (2幅), William So (1幅) , 周雪盈 (1幅)
設計及排版	香港青年協會專業叢書統籌組
製作及承印	Roy Mark Printing & Paper Products Ltd.

A Mom in Search of Wisdom

Author and Editor	Hon Yip, Constance
Printer	Roy Mark Printing & Paper Products Ltd.
Price	HK$123
ISBN	978-988-70513-0-5